MÉMOIRE

SUR

LES DIFFÉRENTS MOYENS QUI PEUVENT ÊTRE EMPLOYÉS

PAR L'ÉTAT,

POUR INTERVENIR DANS L'EXÉCUTION

DES

CHEMINS DE FER EN FRANCE;

contenant

DES RENSEIGNEMENTS SUR L'AFFAIRE DU CHEMIN DE PARIS A TOURS.

Par M. A. Corréard,

Ingénieur civil, auteur du projet.

PARIS,

L. MATHIAS (AUGUSTIN), LIBRAIRE,

QUAI MALAQUAIS, 15.

1837.

AVIS.

L'auteur de cette brochure a été amené à lui donner de
la publicité en quelque sorte malgré lui, car elle n'avait été
rédigée que pour être communiquée à l'administration supérieure. M. le directeur-général des Ponts-et-Chaussées, à
qui l'auteur en avait fait part, l'avait invité à la publier et
à la distribuer aux chambres; il avait ajouté que, dans les
circonstances où nous nous trouvions, et au moment où
divers systèmes d'intervention étaient mis en présence, il
était bon que toutes les idées se produisissent, et qu'il trouvait que mon projet, d'établir une association mutuelle
entre toutes les compagnies de chemins de fer, était une
idée neuve, et qu'elle lui paraissait devoir être examinée
avec toute l'attention que comportaient des questions de
cette nature. Mais comme depuis sept années environ nous
faisons constamment des frais considérables sans avoir
obtenu le moindre résultat utile pour nous, nous avons
dû reculer devant la proposition que nous faisait M. le
directeur-général, parce qu'elle nous aurait entraîné dans
une dépense nouvelle sans qu'il y eût chance qu'elle pro-
duisît un résultat utile au pays. Mais aujourd'hui que les
chambres sont saisies de l'importante question de l'intervention du gouvernement dans l'exécution des chemins de
fer, nous avons pensé que nous devions mettre de côté

toute espèce de considérations d'intérêt pécuniaire et d'amour-propre, et que nous devions céder aux sollicitations de nos amis qui pensent que nos idées pourront être de quelque utilité dans la question qui s'agite en ce moment. Nous devons faire remarquer seulement que le peu de temps dont nous avons pu disposer ne nous a pas permis de donner à la rédaction de ce Mémoire tout le soin que réclame un sujet aussi grave. Ce sont des idées que nous livrons aux chambres et au public, et non un Mémoire destiné à l'Académie puissent-elles être utiles à nos concitoyens et prévenir les piéges qu'on tend au trésor public !

MÉMOIRE

SUR

LES DIFFÉRENTS MOYENS QUI PEUVENT ÊTRE EMPLOYÉS

PAR L'ÉTAT,

POUR INTERVENIR DANS L'EXÉCUTION

DES

CHEMINS DE FER EN FRANCE.

Le gouvernement a présenté aux chambres une loi financière sur les travaux publics, avec l'intention de leur donner un grand essor, et par ce moyen d'assurer pour long-temps du travail à l'industrie et pour toujours la prospérité de la France. Certes, jamais projet de loi n'a été conçu dans des vues plus larges et plus honorables que celui-ci ; il est donc du devoir de tout citoyen de venir en aide au gouvernement en lui faisant part de ses idées et de ses connaissances acquises sur la spécialité dont il s'agit. C'est pour atteindre ce but que j'ai cru devoir soumettre au gouvernement et aux chambres le fruit de mes observations et de mon expérience, pour la partie seulement de cette loi qui est relative à la confection des chemins de fer, dont je m'occupe depuis 1824, et d'une manière toute spéciale depuis 1830, époque à laquelle remonte le commencement des études que j'ai faites de la ligne de Paris à Tours, passant par Versailles, Chartres et Vendôme, dont les projets ont reçu l'approbation du conseil-général des Ponts-et-Chaussées.

On a dit qu'en France les capitaux étaient rebelles, qu'ils ne

voulaient pas entrer dans l'industrie ; que ceux qui les possé-
daient préféraient un placement sûr et dont l'intérêt, quelque
faible qu'il fût, étant servi régulièrement, leur suffisait ; il y a
du vrai dans tout cela ; mais il y a beaucoup plus d'habitude que
d'antipathie réelle, et l'observateur ne peut s'empêcher de reconnaître que cette résistance de la part des capitalistes ne tient
pas seulement à ces deux causes. Il en est d'autres qu'il est bien
de signaler : l'une d'elles d'abord, et qui par ses résultats a été
la plus funeste à l'industrie, est le très mauvais exemple que le
gouvernement a donné en intervenant, comme il l'a fait et en
acceptant, sans concurrence aucune, en 1821, les emprunts qui
ont été offerts, notamment pour les canaux de la Somme et des
Ardennes, ainsi que ceux qu'il a obtenus par les lois du 14
août 1822 sur les canaux, et surtout en garantissant un intérêt
de 6 p. 100 aux capitaux engagés dans l'exécution de ces travaux, lorsqu'il trouvait à emprunter à 5 p. 100 autant d'argent
que cela lui était nécessaire : il devenait inutile par ce seul motif
de garantir 6 p. 100 à des capitaux qui déjà avaient une hypo-
thèque privilégiée sur les produits probables des canaux ; c'était
donc leur donner une double garantie qui devait faire obtenir
l'argent, non pas à 6 ni à 5, mais bien au-dessous de ce dernier
taux. Ce qui a rendu en outre les capitalistes plus difficiles et
l'emprunt contracté par l'État pour cette opération plus onéreux,
c'est qu'au lieu de s'engager sur-le-champ, comme il l'a fait vis-
à-vis des compagnies financières, pour la totalité de la somme
nécessaire à l'exécution de tous les travaux, il n'aurait dû le
faire que pour les sommes partielles, nécessaires au service de
chaque campagne, et ne garantir que l'intérêt moyen résultant
du cours des effets publics français, vendus à la Bourse de Paris
pendant les six derniers mois. Par ce moyen l'État aurait fait
de grandes économies au profit du pays. C'est cette faute qui fait
que les capitalistes sont devenus si exigeants, et principalement
les banquiers qui, à l'aide de leurs manœuvres, ont rendu bien
difficiles toutes les affaires de cette nature de quelque importance.
L'État s'est habitué de son côté à croire que l'industrie ne pou-

rait rien entreprendre de grand sans son secours, et il a cru également qu'elle ne pouvait rien tenter sans l'intermédiaire des banquiers : en partant de ce faux point de vue, ceux-ci se sont exagéré leur puissance, et ils ont pensé à leur tour que le gouvernement, pas plus que l'industrie, ne pouvaient rien sans eux. C'est de cette méprise de la puissance du crédit de la France et des funestes combinaisons des banquiers qui faisaient préconiser leurs idées par tous les journaux dont ils sont en général les propriétaires, que les projets les mieux entendus, les mieux étudiés et présentant les chances les plus certaines d'un succès brillant, n'ont pu réaliser les capitaux nécessaires pour leur exécution, tandis que si des précédents n'eussent pas fait croire, ainsi que les redites journalières des journaux appartenant à messieurs les banquiers, qu'il était impossible en France d'exécuter de grands travaux sans le secours du gouvernement, l'industrie et les riches particuliers auraient bientôt fini par suivre l'exemple de ce qui se pratique aux États-Unis, en Angleterre, en Allemagne et en Belgique. Une seule mesure aurait suffi pour appeler les capitaux dans l'industrie : elle consistait à empêcher le jeu de la bourse en supprimant le fonds d'amortissement. Aujourd'hui l'État mieux éclairé vient enfin d'adopter la suppression du fonds d'amortissement et il se propose de l'appliquer entièrement aux travaux publics dont l'exécution sera reconnue d'utilité générale. Touts les bons citoyens, amis de leur pays, ne pourront qu'applaudir et appuyer de tout leur pouvoir le gouvernement dans l'exécution de cette mesure, et c'est pour m'acquitter de ma tâche que je viens soumettre mes vues au gouvernement et aux chambres, en me bornant à la spécialité des chemins de fer.

Il est nécessaire de reconnaître avant tout que si la loi votée permet d'espérer des résultats immenses, elle n'en présente pas moins de graves inconvénients. Nous avons toujours pensé que même avant la proposition de la loi et seulement par suite des bruits qui circulaient de sa présentation aux chambres, toutes les affaires relatives aux grands travaux publics que convoitait

l'industrie lui devenaient presque impossibles , par l'espoir qu'a-
vaient les banquiers et les principaux capitalistes d'obliger le
gouvernement à coopérer d'une manière puissante à leur exécution ; à plus forte raison, aujourd'hui que cette loi a été
adoptée par les trois pouvoirs, il n'y a plus de combinaisons possibles entre les financiers et les industriels en fait de grands travaux publics, tant que le gouvernement n'aura pas réglé d'une
manière précise l'emploi qu'il entend faire des capitaux qui sont
mis à sa disposition. Ainsi la loi a arrêté tout court toutes les
combinaisons financières qui étaient sur le point de se conclure
et dont les soumissions ne pouvaient tarder à être déposées au
ministère des travaux publics ; et, comme on le voit, elle a eu
pour premier résultat de paralyser toutes les affaires industrielles, de soulever toutes les ambitions et toutes les prétentions
financières, et de faire perdre à l'industrie toute la campagne
de 1837, qui, dans tous les cas, ne sera que très imparfaitement
utilisée.

C'est par suite de toutes ces incertitudes que les capitalistes,
et principalement certains banquiers déjà très exigeants, qui
considèrent le gouvernement comme engagé dans cette question
au point de ne pouvoir plus reculer, et qui, d'un autre côté,
sont puissamment secondés par leurs manœuvres habilement
conduites, se considèrent comme restant maîtres du champ de
bataille et prétendent non-seulement faire la loi à l'industrie ,
mais encore au gouvernement. C'est ce qu'il faut déjouer, et
pour y parvenir je proposerai les mesures qui me paraissent les
plus propres à atteindre ce but.

D'après les projets de loi présentés aux chambres sur les
chemins de fer et les canaux, l'État interviendrait dans l'exécution des grandes lignes de chemins de fer de deux manières
différentes : la première consisterait à souscrire pour le quart
ou le cinquième du capital nécessaire à l'exécution des lignes de
chemins de fer dont l'utilité générale aurait été reconnue par
suite des enquêtes prescrites par les lois et les réglements, et
dont l'exécution serait autorisée par des lois spéciales. La se-

conde consisterait dans la garantie par le gouvernement d'un intérêt de 4 pour 100 aux capitaux engagés pour l'exécution de ces voies de communication. Voilà toute la question, telle que je me propose de l'examiner. J'en proposerai la solution de manière à ce que l'État, profitant des leçons de l'expérience, puisse atteindre son noble but sans qu'il ait à redouter d'avoir besoin de recourir au trésor public pour servir les intérêts des capitaux engagés, et sans que cette mesure puisse en aucune manière altérer la reconnaissance que le pays doit conserver pour les hommes d'État qui ont entrepris cette honorable mission. Voici comment et par quels moyens j'espère qu'on pourra atteindre ce but.

PROJET GÉNÉRAL

D'UN SYSTÈME DE TRACÉ POUR L'ÉTABLISSEMENT DE CHEMINS DE FER QUI SILLONNERAIENT LA FRANCE DANS TOUS LES SENS, ET AUSSI RÉGULIÈREMENT QUE POSSIBLE.

Nous supposerons un vaste réseau de chemins de fer qui couvrirait toute la surface du royaume d'une manière aussi régulière que possible, et qui permettrait de mettre en communication directe Paris avec tous les chefs-lieux de départements sans exception, tous les ports de mer militaires, les principaux ports de commerce, et toutes les places de guerre de quelque importance. Ce tracé général serait établi d'après le système dont les bases ont été posées par l'administration générale des Ponts-et-Chaussées, qui consistent à ouvrir, à travers la France, plusieurs grandes lignes se portant du centre (Paris) à la circonférence, et en une série de grands embranchements partant de divers points situés sur ces grandes lignes, se dirigeant également sur la circonférence du royaume, et d'embranchements secondaires et tertiaires partant de divers points des grandes lignes et de divers embranchements pour se porter de là sur les chefs-lieux des départements, les ports de mer et les places militaires qui ne se trouveraient pas desservis directement par les premières lignes. D'après ce système, comme il sera facile de s'en convaincre en jetant les yeux sur le tableau ci-après, peu de villes importantes par leur population et par leur industrie seront privées de l'avantage d'être desservies directement par les chemins de fer, et toutes seront mises en communication directe avec Paris. La plupart des grandes villes du royaume se trouveront également mises en communication directe entre elles, et par ce moyen les voyageurs n'auront pas besoin de venir passer par Paris pour, de là, se rendre dans les grandes villes où leurs affaires les appelleraient. Ainsi, par exemple, Nantes serait mis en communication avec Bordeaux par l'embranchement partant de Niort; Toulouse serait mis en communication avec Lyon par l'embranchement passant par Mende, Le Puy et Montbrison; les autres grandes villes pourraient être mises de même en communication, à l'aide de la confection de quelques lacunes que l'industrie locale ne tarderait pas à faire exécuter, et qu'il est inutile de comprendre dans l'ensemble que nous présentons ici dont le but principal, comme on a pu le voir, a été de mettre Paris en communication directe avec tous les départements, avec tous les ports de mer militaires, les principaux ports de commerce, les principales villes de guerre, et les points principaux des frontières de la France. L'ensemble du tracé qu'exprime ce tableau, et dont on peut faire l'application sur une carte de France, fera beaucoup mieux comprendre notre pensée que nous ne pourrions le faire en consacrant de nombreuses pages au développement de cette proposition.

Voici le tableau descriptif de ces diverses lignes comprenant le développement de chacune d'elles, et la somme nécessaire pour leur exécution.

Tableau des chemins de fer à exécuter en France dans un délai de 10 à 20 années avec l'intervention du gouvernement.

	A deux voies.	A une voie.
1re LIGNE : de Paris à Lille par Creil, Amiens, Arras, Lille et Menin.	240,000^m	
1er *embranchement* : d'Amiens à Dunkerque par Abbeville, Rue, Étaple, Boulogne, Calais et Dunkerque.		199,600^m
2e *id.* : de Creil à Condé par Compiègne, Noyon, Chauny, Saint-Quentin, Cambrai, Valenciennes et Condé.		171,500
3e *id.* : de Chauny à Laon.		33,000
2e LIGNE : de Paris à Mézières par Meaux, Château-Thierry, Reims, Rethel, Mézières et Givet. .		275,000
1er *embranchement* : de Château-Thierry à Thionville par Épernay, Châlons, Sainte-Ménehould, Verdun, Briey, Thionville et Sierck.		247,500
3e LIGNE : de Paris à Strasbourg par Tournon, Sézanne, Fère-Champenoise, Vitry-le-Français, Bar-le-Duc, Ligny, Toul, Nancy, Sarrebourg, Saverne et Strasbourg.	475,780	
1er *embranchement* : de Nancy à Thionville par Metz.		74,800
2e *id.* : de Vitry-le-Français à Pontarlier par Saint-Dizier, Joinville, Chaumont, Langres, Gray, Besançon, Ornans et Pontarlier.		275,000
3e *id.* : de Chaumont à Colmar par Épinal. . . .		180,000
4e *id.* : de Gray à Vesoul.		54,000
4e LIGNE : de Paris à Marseille par Melun, Bray, Nogent, Troyes, Bar-sur-Seine, Châtillon, Dijon, Châlous, Mâcon, Lyon, Vienne, Valence, Loriol, Montélimart, Morenas, Avignon, Arles et Marseille.	877,132	
1er *embranchement* : de Bray à Auxerre.		80,000
2e *id.* : de Châlous à Lons-le-Saulnier.		58,000
3e *id.* : de Lyon à Genève par Bourg.		143,000
4e *id.* : de Loriol à Privas.		20,000
5e *id.* : de Lyon à Toulon par Bourgoin, La Tour-du-Pin, Voiron, Grenoble, Gap, Sisteron, Digne, Castellane, Draguignan et Toulon.		418,000
6e *id.* : de Draguignan à Saint-Laurent près Nice par Fréjus, Antibes et Saint-Laurent.		85,000
7e *id.* : de Morénas à Aix par Orange, Carpentras, Apt, Pertuis et Aix.		110,000
A reporter. . .	1,592,912^m	2,424,400^m

À deux voies.   À une voie.

Report . . . . 1,592,912^{m} 2,424,400^{m}

5e LIGNE : de Paris à Toulouse par La Ferté-Aleps, Orléans, Romorantin, Châteauroux, Reguerande, Guéret, Aubusson, Tulle, Cahors, Montauban et Toulouse. 686,500

1er *embranchement :* d'Orléans à Montpellier par la Ferté-Senneterre, la Motte-Beuveron, Salbris, Vierzon, Bourges, Nevers, Moulin, Varennes, Riom, Clermont, Brioude, Le Puy, Langogne, Villefort, Alais, Nimes et Montpellier.   594,000

2e *id.* : de Clermont à Thiers.   40,000

3e *id.* : de Varennes à Roanne.   66,000

4e *id.* : de Langogne à Toulouse par Mende, Sainte-Enimie, Milhaud, Sainte-Rome, Alby, Saint-Sulpice et Toulouse.   260,700

5e *id.* : d'Aubusson à Limoges.   79,000

6e *id.* : de Tulle à Bergerac par Périgueux, Brive et Terrasson.   90,000

7e *id.* : de Tulle à Aurillac par Argental.   84,000

8e *id.* : de Cahors à Rodez.   90,000

9e *id.* : de Cahors à Pau par Agen, Lectoure, Auch, Tarbes et Pau.   246,000

10e *id.* : de Toulouse à Foix.   77,000

11e *id.* : de Saint-Sulpice à Perpignan par Lavaux, Castres, Carcassonne, Lagrasse et Perpignan. .   180,000

6e LIGNE : de Paris à Bordeaux par Versailles, Rambouillet, Maintenon, Chartres, Châteaudun, Vendôme, Château-Regnault, Vouvray, Tours, Chinon, Châtellerault, Poitiers, Civray, Angoulême, Montmorreau, Libourne et Bordeaux. 621,000

1er *embranchement :* de Vendôme à Blois.   30,000

2e *id.* : de Bordeaux à Bayonne par Mont-de-Marsan.   211,000

3e *id.* : de Maintenon à Cherbourg par Dreux, Verneuil, Laigle, Lisieux, Caen, Bayeux, Carentan, Valogne et Cherbourg.   306,000

4e *id.* : de Dreux à Evreux.   39,000

5e *id.* : de Bayeux à Saint-Lô.   36,000

6e *id.* : de Chartres à Brest par Nogent-le-Rotrou, Alençon, Laval, Rennes, Ploërmel, Pontivy, Carhaix, Landerneau et Brest.   506,000

7e *id.* : de Rennes à Saint-Malo.   71,000

8e *id.* : de Pontivy à Saint-Brieux.   58,000

9e *id.* : de Pontivy à Lorient.   55,000

10e *id.* : de Ploërmel à Vannes.   33,000

À reporter. . . . . 2,900,412^{m} 5,604,100^{m}

— 9 —

	A deux voies.	A une voie.
Report. . .	2,900,412^m	5,604,100^m
11e *id.* : de Carhaix à Quimper.		58,000
12e *id.* : de Nogent-le-Rotrou à Nantes par la Ferté-Bernard, le Mans, Sables, Châteauneuf, Angers, Ingrande, Anceny et Nantes.		247,500
13e *id.* : de Chinon à Saumur.		32,000
14e *id.* : de Poitiers à La Rochelle par Niort. . .		133,000
15e *id.* : de Niort à Nantes par Fontenay et Bourbon-Vendée.		161,000
7e LIGNE : de Paris au Hâvre par Pontoise, Gisors, Rouen et le Havre.	223,000	
1er *embranchement* : de Pontoise sur Beauvais. . . .		44,000
2e *id.* : de Rouen à Dieppe.		67,000
Total général du développement des lignes à une voie.		6,346,100^m
Total général du développement des lignes à deux voies.	3,123,412^m	3,123,412
Total général du développement et de tous les chemins à faire exécuter.		9,469,512^m

Il résulte de ce tableau que les lignes à doubles voies auront un développement de 3,123,412 m. ; l'expérience a démontré que le prix moyen de revient d'un kilomètre de chemin de fer à exécuter, y compris les frais de machines locomotives, des waggons et des bâtiments nécessaires à l'exploitation de ces chemins, s'élève à 150,000 fr., ce qui portera la somme nécessaire pour la confection des six grandes lignes : de Paris à Lille, de Paris à Strasbourg, de Paris à Marseille, de Paris à Toulouse, de Paris à Bordeaux, et de Paris au Hâvre, à. . . . . 468,511,800 fr.

Et pour les divers embranchements ou lignes à une voie, dont le développement total s'élève à 6,346,100 m. ; le prix de revient étant également fixé, d'après le prix moyen résultant de celui des nombreuses études qui ont été faites à ce sujet, à 100,000 fr. le kilomètre. 634,610,000

Total général du capital nécessaire à l'exécution de tous les chemins de fer. . . . 1,103,121,800 fr.

CONSIDÉRATIONS SUR LES DIVERSES PROPOSITIONS QUE NOUS SOUMET-
TONS AU GOUVERNEMENT POUR ASSURER L'EXÉCUTION DES CHEMINS
DE FER.

Nous avons dit plus haut que l'état de la question se compli-
quait des prétentions des banquiers et des différents systèmes
proposés par le gouvernement pour intervenir dans l'exécution
des travaux publics; il ne reste donc plus, pour l'accomplissement de cette mesure, qu'à choisir entre les systèmes les moins
onéreux pour le trésor public et les plus efficaces pour arriver à
une prompte exécution des chemins de fer à construire, dont
tous les départements de la France ont le plus grand et le plus
pressant besoin. Ce qui place le gouvernement dans l'impossibilité de choisir entre les départements les mieux partagés,
en fait de voies de communication, et ceux qui le sont d'une manière moins satisfaisante, c'est que dans les travaux de cette nature, dont la présence ou l'absence donnent la vie ou la mort à
toute une contrée, tout se lie, tout s'enchaîne, et alors les premiers vous diront: Si nos voies de communication sont plus
multipliées que celles des départements pauvres, elles n'en sont
pas mieux entretenues et pas moins insuffisantes pour les débou-
chés dont nous avons besoin pour transporter nos riches produits agricoles et industriels dans les départements qui sont moins
riches et moins bien partagés que nous; il nous faut donc pour
opérer nos transports plus facilement et plus économiquement
des chemins de fer, non seulement dans l'étendue de nos départements, mais encore dans celle des départements pauvres, qui
sont pour nous, comme pour eux, d'utiles marchés que nous
approvisionnons, et afin que nous puissions tirer de ces départements les produits minéraux ou végétaux qui doivent alimenter
nos fabriques, et dont la nature les a pourvus, pour la plupart,
plus largement que ne le sont nos riches départements.

Les départements pauvres réclament avec non moins d'insi-
stance l'exécution des chemins de fer et s'appuient principale-

ment sur ce qu'ils sont généralement moins bien partagés, en fait de voies de communication, que ne le sont les départements riches, et ils attribuent en grande partie leur pauvreté à l'absence de voies de communication faciles et économiques. Ils vous diront encore qu'il est juste que l'État s'occupe de rétablir l'équilibre entre tous les départements, et qu'il ne pourra atteindre ce but qu'en faisant une répartition plus régulière des nouvelles voies de communication en fer à exécuter ; qu'il doit par conséquent profiter de l'heureuse occasion qui se présente pour dédommager ceux d'entre eux qui ont eu une part moins grande dans la répartition des routes royales et des canaux, et qu'il doit leur donner en dédommagement une plus grande quantité de chemins de fer qu'il ne leur en reviendrait si l'on observait pour leur distribution une mesure proportionnelle au revenu de chaque département ; enfin, qu'en adoptant cette mesure, le gouvernement les mettrait à même de faire prospérer leur industrie et leur agriculture à l'égal de celles des plus riches départements. Nos prétentions, vous disent-ils, sont d'autant plus raisonnables qu'elles sont conformes aux véritables principes d'économie politique, à ceux d'une bonne administration, et surtout à l'esprit de justice et d'équité qui caractérise notre gouvernement constitutionnel.

Pour arriver au résultat désiré par les uns et par les autres de nos départements, et sans adopter cet esprit étroit de localité qui permet difficilement de faire les choses d'une manière large et convenable, nous pensons qu'au moyen des mesures que nous allons proposer il sera possible de les satisfaire tous également. Nous allons donc dérouler ces mesures dans une série de propositions.

PREMIÈRE PROPOSITION, DANS LAQUELLE ON DÉMONTRE LES INCONVÉNIENTS RÉSULTANT POUR LE TRÉSOR PUBLIC ET LES ACTIONNAIRES DU SYSTÈME DES SUBVENTIONS.

L'État interviendrait dans l'exécution des chemins de fer, non pour une ligne, ni pour deux ou un plus grand nombre, mais pour toutes celles qui sont comprises sur le tableau inséré dans ce Mémoire, et qui présente un système général de chemins de fer pour toute la France, et en même temps pour celles que le gouvernement et les chambres jugeraient utile d'y annexer pour compléter ce système. Cette mesure nous a paru d'autant plus indispensable que le gouvernement ne peut ignorer que puisqu'il a pris la résolution de garantir un intérêt ou d'accorder une subvention aux capitalistes, personne, parmi eux, ne voudra plus employer ses capitaux dans des entreprises qui ne jouiraient pas des mêmes avantages. En conséquence de ces faits et de cette vérité qui ne seront méconnus par personne, l'État ne peut se dispenser, autant par principe d'équité que par le désir qu'il a de favoriser l'exécution de tous les chemins de fer dont la France a un si pressant besoin, de proposer aux chambres de garantir à toutes les compagnies industrielles 4 p. 100 d'intérêt pour les capitaux qui seront employés à l'exécution de ces diverses lignes, ainsi que nous allons le démontrer en prouvant que le système de subvention n'aurait d'autre but, s'il était mis en pratique, que d'assurer de frauduleuses spéculations qui auraient pour résultat d'attirer les petits capitaux sans que cette subvention tournât au profit des porteurs d'actions. Pour nous faire comprendre, nous allons citer plusieurs exemples puisés dans des entreprises déjà commencées ou dans les divers projets de loi soumis en ce moment à l'approbation des chambres.

Jusqu'à ce jour, les compagnies ont joui de la faculté de créer un capital représenté par des actions dont le nombre est aussi grand qu'elles le jugent nécessaire; ainsi, par exemple, nous savons qu'une compagnie concessionnaire d'un chemin de fer dont le prix d'exécution ne s'élèvera pas, d'après les devis de l'ingénieur, au-delà de 6 millions, se propose de créer pour 11 millions d'actions. L'homme honnête se demande, dès lors, comment il se fait qu'on puisse créer ainsi du papier-monnaie dont l'utilité n'est nullement démontrée. Si l'on veut avoir d'ailleurs quelques idées justes sur les moyens qu'emploient certaines compagnies, composées d'éléments les plus hétérogènes, pour arriver à leurs fins, il faut d'abord remarquer que ces compagnies se composent de membres dont les noms jouissent d'une certaine considération de bourse et qui figurent ostensiblement, et de membres dont les noms rappellent des souvenirs ou peu honorables ou même odieux, mais qui ne sont liés avec les premiers que par des traités secrets : ces derniers jouent le rôle d'entrepreneurs, et les premiers traitent à forfait avec eux à des prix toujours exorbitants, mais qu'ils ont bien soin de présenter à leurs actionnaires comme étant le résultat d'une convention débattue et on ne peut plus avantageuse à la compagnie. En réalité ces prix sont toujours enflés au minimum de 25 pour cent; des reçus sont donnés à l'avance pour des sommes égales, et ils espèrent que le tout se trouvera régularisé par un ingénieur complaisant qui enflera les devis, exercera un simulacre de contrôle, établira un personnel de surveillance qui ne devra rien voir de ce qui se fera de mal, assistera aux parties de chasse et de campagne qu'on lui offrira, recevra de larges appointements, et terminera en ordonnançant les mandats de paiement et en rédigeant de magnifiques procès-verbaux pour la réception des travaux; puis les concessionnaires en nom ou occultes, se partagent ces honnêtes bénéfices que paient les malheureux porteurs d'actions. Il n'est donc pas douteux que les subventions passeront dans leurs mains par les moyens que nous venons de faire connaître et par tous autres aussi honorables. Veut-on que nous citions un exemple de ce qui se fera suivant ce système? le voici : la ligne de Paris à la frontière belge aura un développement de quatre-vingts lieues ou de trois cent vingt kilom. environ. D'après les devis de l'ingénieur en chef qui en a fait les études (M. Vallée), qui est l'un des plus honnêtes hommes que nous connaissions, comme il est l'un des ingénieurs les plus distingués du corps des Ponts-et-Chaussées, le prix de revient ne s'élèvera pas au-delà de 780,000 fr. par lieue, et cet ingénieur a pris pour base les prix de revient des chemins de fer de la Belgique qui sont très élevés, principalement à cause de la similitude qu'il y a entre les prix d'acquisition du terrain nécessaire pour l'exécution du chemin, les prix de main-d'œuvre, ceux du fer, de la fonte, de la pierre, de la chaux, etc. Mais M. Vallée fait remarquer, avec juste raison, que ces prix sont de beaucoup supérieurs à ce qu'il en coûtera réellement pour l'exécution de son chemin de Paris à la frontière ; en effet, son tracé, qui avait été conçu d'après les véritables principes d'économie publique, vient d'être modifié, malgré lui, de telle sorte qu'à partir de Pontoise jusqu'aux environs de Creil il suit constamment la vallée de l'Oise sur une longueur de dix lieues. Dans toute cette partie, il n'y aura aucun ouvrage d'art de quelque importance à construire, et nous avons la certitude que le prix de revient de la lieue ne s'élèvera pas au-delà de 400,000 fr., ce qui porterait le total du prix de revient de cette première partie à 4,000,000 f.; restent soixante-dix lieues pour lesquelles le prix de construction serait beaucoup plus considérable ; ce prix, nous le porterons à 600,000 fr. la lieue, et nous avons la certitude qu'il n'ira pas au-delà. Ce serait donc en totalité une somme de 46,000,000 fr., dont on aurait besoin pour l'exécution de la ligne entière de Paris à la Belgique. Maintenant veut-on une preuve qui vienne à l'appui de nos assertions ? la voici : M. Jodot, ingénieur civil, homme aussi recommandable par son intégrité que par son expérience en fait de travaux publics, a bien voulu nous donner communication d'une note extraite du devis de ses projets de chemin de fer de Lille à Valenciennes et à la frontière ; la voici telle qu'il l'a rédigée lui-même.

« Il résulte des devis de plusieurs tracés de chemin de fer entre Lille et la frontière, dont la distance est de 16,400 mètres, que l'estimation moyenne a été trouvée de 2,160,000 fr., ce qui fait revenir la lieue de 4,000 mètres à 540,000 fr.; tandis que dans une localité adjacente plus favorable (de Valenciennes à Lille), les études d'un chemin de fer avec un embranchement, présentant ensemble un développement de 58,000 m. ou 14 lieues 1/2, la lieue de 4,000 mètres ne revient qu'à 380,000 fr. en y comprenant le matériel de locomotion, les magasins et hangards,

les acquisitions des terrains et les travaux d'art pour deux voies,
les terrassements et une seule voie à rouage, ce qui donne un
rapprochement avec la dépense du chemin de fer de Bruxelles à
Anvers exécuté dans le même système, sur un terrain à peu près
semblable à celui du Nord de la France. Le chemin de Bruxelles
à Anvers présentant un développement de 45,300 mètres, un
peu plus de 11 lieues de 4,000 mètres l'une, n'a coûté que
3,370,000 fr., ce qui porte le prix de revient de la lieue à
306,636 fr. »

Il résulte de ces devis, que le prix de revient de la lieue de
ce chemin à une voie avec de nombreuses gares d'évitement, ne
s'élève qu'à 300,000 fr. Les ingénieurs savent, du reste, que la
différence du prix de revient entre les chemins à une voie et les
chemins à deux voies est du tiers ; en conséquence, en prenant
pour base le prix du projet de M. Jodot, il en résulterait que le
prix de la lieue d'un chemin à deux voies à construire dans le
département du Nord, ne s'élèverait pas au-delà de 450,000 fr.,
or, nous avons porté le prix moyen de la lieue pour la partie
comprise entre Creil et la frontière à 600,000 fr., nous ne craignons donc pas qu'on puisse nous accuser d'avoir réduit ces prix
au-dessous de ce qu'ils seront réellement par lieue. Par suite des
calculs qui précèdent, il est démontré que la ligne de Paris à la
frontière belge, dont l'évaluation est portée à 1 million par
lieue, ou à 80 millions pour les 80 lieues, d'après la convention
de M. Cokerill, serait trop forte de 34 millions ; mais comme
nous ne voulons pas être taxés d'exagération dans la fixation du
prix de revient d'une ligne qui doit être largement exécutée,
nous allons adopter le prix de 600,000 fr. par lieue pour toute la
ligne, et sans exception pour la partie comprise entre Pontoise
et Creil, ce qui portera le total de la dépense à 48 millions, et
ce qui donnera une différence en moins de 32 millions sur le
prix fixé par la convention Cokerill.

Maintenant, en admettant que le principe de la subvention
accordée à M. Cokerill pût prévaloir devant les chambres, il en
résulterait que la subvention à lui payer d'après le devis de

M. l'ingénieur en chef Vallée , ne serait que de 15,600,000 fr. au lieu de 20 millions ; qu'on nous dise alors ce que deviendraient d'une part les 4,400,000 fr. que le gouvernement paierait en sus, et d'autre part, les 14,400,000 fr. en plus de ce qui est rigoureusement nécessaire , qu'on exigerait des gros et des petits capitalistes porteurs d'actions. Ce que nons venons de retracer ici doit suffire pour démontrer que la convention Cokerill est un véritable piége tendu à la bonne foi du gouvernement ; car les 32 millions inutilement demandés pourraient être au besoin doublés en quatorze ans, ce qui permettrait de rembourser, et bien au-delà, en ce court espace de temps, tout le capital engagé dans cette affaire. Ceci démontre d'ailleurs que la convention Cokerill, bien qu'elle paraisse éminemment avantageuse aux intérêts du pays , ne peut être que très onéreuse au trésor public et aux intérêts particuliers, par l'abus qu'on pourra faire de la création d'un nombre d'actions illimité, qui réduiront à presque rien les produits nets ou dividende de ce chemin de fer, que tout le monde classe au premier rang de ceux de France ; car les produits, d'après les recherches statistiques faites par M. Vallée, correspondraient à une tonne parcourant 39,384,989 kilomètres, et le droit du parcours moyen d'après la convention Cokerill , étant de 9 cent. par tonne et par kil., il en résulterait que ce produit serait de 3,544,690 fr., auxquels il faut ajouter celui résultant d'un voyageur parcourant 483,846,929 kil. au prix moyen de la convention Cokerill, qui est de 5 cent. par tête de voyageur et par kil. , lequel est de 24,172, 346 fr., ce qui forme un produit total de 27,716,995 fr.

Nous pourrions encore citer à l'appui de notre opinion les produits considérables qu'offrira la ligne de Paris à Rouen, au Hâvre et à Dieppe ; ceux de la ligne de Paris à Tours par Chartres qui dépassent 18 millions ; et ceux de la ligne de Paris à Orléans, qui sont aussi très élevés ; et cependant l'État offre de faire, dans l'intérêt des compagnies exécutantes, d'énormes sacrifices qui s'élèvent pour la première à 20 millions , pour la seconde à 10, pour la troisième à 6 , et pour la quatrième à 3, ensemble 39 millions.

Tout ceci démontre que le système des subventions ne peut convenir qu'aux hommes à argent et aux joueurs de Bourse, et non à un gouvernement sage comme l'est le nôtre; qu'il doit se garder des piéges qu'on lui tend, et repousser avec énergie les prétendues difficultés qu'on lui fait entrevoir dans le système de garantie d'intérêt qui n'offre en aucune manière les mêmes inconvénients que celui des subventions, comme nous le démontrerons plus loin.

DEUXIÈME PROPOSITION. — MODE DE CONCESSION ET INDEMNITÉS AUXQUELLES ONT DROIT LES AUTEURS DE PROJETS.

L'État, tout en voulant favoriser la prospérité de la France en général, doit reconnaître néanmoins que bien que le système des chemins de fer, dont il est ici question, satisfasse autant qu'il est possible aux besoins du plus grand nombre des villes commerciales et manufacturières de la France, ainsi qu'aux besoins des services publics, civils et militaires, il est constant qu'une foule de villes, bourgs et villages ne ressentiront les avantages que produiront les chemins de fer que d'une manière indirecte; que dès-lors il serait juste que ceux qui feront usage de ces voies de communication payassent les avantages qu'ils en retireront; par ces motifs, l'État agissant dans l'intérêt de tous et ne voulant pas que les localités qui sont le moins bien situées pour jouir des avantages des chemins de fer paient autant que celles qui sont appelées à en recueillir les fruits plus immédiatement, nous lui proposons de concéder pour quatre-ving-dix-neuf ans, à des compagnies qui se chargeraient d'exécuter au moins une quantité de 200 kil. de développement, tant en lignes principales qu'en embranchements (cette limite n'est posée que pour réduire le nombre des compagnies à un chiffre raisonnable, afin d'éviter la trop grande multiplicité des rouages administratifs, et les difficultés qui naissent de l'obligation dans laquelle sont les voyageurs de payer et de transborder plusieurs fois, en se renda t d'un point à un autre). Cette concession aurait lieu, savoir :

1° Pour les lignes qui ont été étudiées par les ingénieurs du gouvernement et pour celles qui pourraient l'être encore par eux, par adjudications au rabais, portant sur les prix d'exécution et sur le temps nécessaire à la confection de ces lignes. Le concessionnaire serait tenu de rembourser à l'État les frais d'études dont les plans, mémoires et devis seraient mis à sa disposition.

2° Pour les lignes qui ont été étudiées aux frais des compagnies par leurs ingénieurs, ou qui pourront l'être, et dont les projets auront reçu ou recevront l'approbation des Ponts-et-Chaussées et du gouvernement, la concession leur en sera faite directement, à la condition qu'elles feront exécuter tous les travaux nécessaires pour les chemins de fer par adjudication au rabais, afin que dans cette mesure le gouvernement trouve la garantie qu'elles n'auront pas dépensé au-delà de ce qui est strictement nécessaire pour l'exécution de ces travaux. Ces adjudications porteront également sur le temps nécessaire à leur exécution.

Si une compagnie, après avoir fait les études d'une ou de plusieurs lignes et les avoir fait approuver par le gouvernement, se trouvait dans l'impuissance de donner suite à ses projets, le gouvernement mettrait ces lignes en adjudication au rabais, comme il a le droit de le faire ; mais alors, d'après le rapport d'un jury nommé en conformité de la loi sur les expropriations, dont la mission serait de faire connaître quels sont les produits probables des chemins projetés, et par suite quels pourront être les produits nets que présenteront ces entreprises, et l'avis du conseil général des Ponts-et-Chaussées, qui fixerait à son tour le prix des études, la cour royale prononcerait un arrêt qui déterminerait, d'une manière irrévocable, l'indemnité pécuniaire représentant le prix des études, et par lequel elle allouerait en même temps à l'auteur du projet, la moitié, le tiers ou le quart du dividende ou produits nets. C'est entre ces trois termes que varient presque tous les partages des dividendes des entreprises de ce genre entre les porteurs d'actions de capital d'une part, les banquiers et les auteurs de projets de l'autre. Il serait donc de toute justice que le gouvernement observât les mêmes principes toutes les fois qu'il exproprie l'auteur d'un projet pour le livrer à la spéculation des hommes à argent qui viennent aux enchères recueillir le fruit des travaux d'hommes de talent auxquels ils ont coûté souvent deux, quatre, six et huit années de leur temps. Ces avantages, accordés aux auteurs de projets adoptés, seraient non seulement pour les indemniser des dépenses matérielles qu'ils auraient faites, mais encore pour leur tenir compte d'une manière raisonnable du mérite qu'ils auraient eu à vaincre des difficultés plus ou moins grandes en exécutant ces divers tracés. La somme du prix des études serait immédiatement remboursée aux auteurs après l'adjudication.

Cette mesure nous a paru la plus équitable de toutes celles qu'on pouvait adopter pour laisser, d'une part, à l'industrie toute la liberté dont elle a besoin pour produire de bons résultats; et de l'autre, pour encourager les hommes de génie et de talent à se livrer avec confiance à la confection des études des chemins de fer, parce qu'ils auraient alors la certitude que s'ils ont le bonheur de réussir à faire de bons projets, ils en seront largement récompensés.

Toutes les compagnies ont reconnu ces principes, notamment celles des chemins de fer de Lyon à Saint-Etienne; d'Andrezieux à Roanne; celle de l'exploitation des Landes de Bordeaux, etc., etc. M. Bartholony lui-même admet, comme une chose nécessaire, le principe que nous soutenons; et enfin, M. l'ingénieur en chef Vallée, dont l'opinion bien connue est opposée au système des concessions directes, ne peut s'empêcher de reconnaître les droits des auteurs de projets qui en ont fait les études à leurs frais. Voici comment il s'exprime à ce sujet, page 31 de sa brochure sur la concession du chemin de fer de Paris à la Belgique :

« Si l'on pouvait se départir, en général, du système d'adju-

« dication, ce serait uniquement dans le cas où le soumission-
« naire se présente avec des projets étudiés par lui ; nous ne
« croyons pas que dans ce cas même il fallût abandonner la con-
« currence. Ce principe nous semble tout-à-fait essentiel.

« Et comme il est essentiel aussi de garantir quelques avan-
« tages aux personnes qui font les études à leurs frais ; attendu
« d'ailleurs que les individus qui viennent souscrire à l'exécu-
« tion en concurrence avec l'auteur du projet, n'ont aucun droit
« à la totalité des bénéfices d'une entreprise à laquelle ils sont
« étrangers, il est juste de stipuler en faveur de ce dernier, non
« seulement qu'il sera indemnisé de la valeur de son travail,
« mais encore qu'il aura une part des avantages de la conces-
« sion, par exemple, moitié, un tiers, un quart des dividendes
« qui excéderont l'intérêt de 5 pour 100 du fonds social, selon
« le degré d'utilité des projets présentés et des offres faites
« par lui. »

TROISIÈME PROPOSITION. — FIXATION ET DURÉE DU MINIMUM DES
TARIFS ET FIXATION DU MAXIMUM DES DIVIDENDES.

L'Etat laissera les compagnies libres d'établir les tarifs de
péages et de parcours tels qu'elles le jugeront convenable ; seulement la loi spéciale qui autorisera l'exécution de chaque ligne
fixera le prix minimum des tarifs. Il est d'autant plus nécessaire d'adopter cette mesure que dans le cas où une ligne ne
produirait pas un bénéfice supérieur à celui nécessaire pour
solder l'intérêt du capital engagé dans les frais de construction,
ce qui n'est pas probable, les actionnaires qui, en général,
seront de la localité, trouveraient tout simple et tout-à-fait dans
leur intérêt de réduire les prix du tarif au plus bas possible. On
comprendra en effet que, puisque la loi offrirait une garantie
mutuelle, ainsi qu'il sera proposé plus loin, entre toutes les
lignes, d'un intérêt de 4 pour 100 du capital engagé pour l'exécution de chacune d'elles, lorsqu'on aurait acquis par l'expérience la certitude qu'une ligne ne pourrait jamais produire

assez pour faire espérer, quel que fût le taux du tarif, une répartition de dividende, il serait de l'intérêt des actionnaires de
réduire le tarif jusqu'au point strictement nécessaire pour per-
cevoir de quoi faire face seulement aux frais de locomotion.
Tous les bons esprits sentiront qu'on ne peut laisser aux compagnies la faculté d'exploiter ainsi l'arbitraire dans le seul
intérêt des localités. Cet abus doit donc être prévu par la loi,
car il nuirait essentiellement aux intérêts généraux des actionnaires de tous les chemins de fer productifs, ainsi qu'à ceux du
trésor public, dans le cas où ces derniers ne produiraient pas
assez pour servir les intérêts des premiers.

Les compagnies auront toujours la faculté d'augmenter leurs
tarifs ou de les diminuer au 1er janvier de chaque année ; mais
cette fixation ne pourra pas varier dans le cours de l'année.
Toutefois l'intervention de l'Etat ayant été reconnue nécessaire et
même indispensable par les personnes qui, dans les autres pays
du monde, exécutent les travaux publics sans qu'ils aient besoin
de recourir au trésor de l'Etat, le gouvernement français, à
plus forte raison, acquerra, par le fait de son intervention pécuniaire, le droit de limiter les produits éventuels des compagnies
en compensation de ce qu'il leur aura assuré un intérêt minimum de 4 pour 100, garantie qui permet d'espérer que les compagnies trouveront tous les fonds nécessaires pour l'exécution
des chemins de fer, dussent-ils s'élever à 2, 3 et 4 milliards :
mais fort heureusement que cette dépense ne dépassera pas
celle que nous avons assignée de 1,103,121,800 francs. Par ce
motif l'Etat exigera que les tarifs des droits de péage pour
chaque ligne soient réglés par les compagnies, mais à la condition qu'ils ne pourront jamais être portés à des taux tels qu'il
en puisse résulter un dividende de plus de 8 pour 100, et que
toutes les fois que les résultats porteront ces dividendes à une
somme supérieure, la portion excédante des 8 pour 100 sera
versée au trésor de l'Etat, et affectée à la construction de nouveaux chemins de fer dans les départements ou dans les arrondissements que desserviront ces lignes.

QUATRIÈME PROPOSITION. — DE L'EMPLOI DES TROUPES DANS LES TRAVAUX PUBLICS, ET DES AVANTAGES QUI EN RÉSULTERAIENT POUR ELLES, POUR L'ÉTAT ET POUR LES COMPAGNIES.

Comme il est important d'exécuter successivement sur toute la surface de la France, et le plus promptement possible, toutes les lignes de chemins de fer portées sur le tableau qui précède, il est bon que le gouvernement en assure les moyens en mettant les éléments de succès qui sont en son pouvoir à la disposition des compagnies industrielles exécutantes. On ne doit pas se dissimuler que l'exécution d'une aussi prodigieuse quantité de travaux publics doit nécessairement faire augmenter la main-d'œuvre de toutes les classes d'ouvriers qui coopéreront à leur exécution, et cela dans une proportion telle qu'il serait peut-être, sinon impossible, du moins bien difficile de les faire tous à la fois sans qu'il en résultât de grands mécomptes qu'on ne pourrait cependant pas imputer aux auteurs des devis de projets, mais bien à ces augmentations de prix qu'il faut empêcher autant dans l'intérêt de l'entreprise générale des chemins de fer, que dans l'intérêt des autres travaux publics qui ne manqueraient pas également de ressentir le mauvais effet de cette augmentation. Pour cela faire l'Etat, qui a à sa disposition une armée de quatre cent mille hommes, peut très bien, sans qu'il en résulte aucun inconvénient pour la sûreté publique, mettre cent mille hommes à la disposition des compagnies, pour les employer suivant des hypothèses ci-après déterminées. Toutefois, si l'Etat ne jugeait pas convenable que cette partie de l'armée fût employée constamment à l'exécution des chemins de fer, il pourrait au moins permettre qu'elle le fût pendant six mois de l'année : ces troupes passeraient les six autres mois dans leurs quartiers, et se livreraient, pendant ce temps, aux manœuvres militaires ; ce qui, selon nous, serait bien suffisant pour qu'elles fussent constamment en état de bien manœuvrer, et qu'elles ne perdissent pas l'habitude de la discipline que les officiers exercent toujours d'une manière bien plus rigoureuse dans les garnisons qu'en temps de campagne.

Voici comment nous entendons qu'il serait possible et convenable d'employer l'armée, et dans quelles circonstances : 1º toutes les fois que dans une contrée , ou sur plusieurs ateliers, la main-d'œuvre s'élèverait au-dessus du prix maximum (les prix de la journée de chaque classe d'ouvriers seraient réglés tous les ans par un arrêté de MM. les préfets), la compagnie demanderait le nombre de militaires qu'elle jugerait nécessaire pour remplacer les ouvriers qui refuseraient de travailler au prix maximum ; 2º lorsque, dans certains pays, les compagnies ne trouveraient pas un nombre d'ouvriers suffisant pour exécuter les travaux avec assez de rapidité pour qu'elles pussent les livrer aux époques fixées par les adjudications, ou par les concessions directes, elles seraient également autorisées à demander le nombre de militaires qu'elles présumeraient indispensables pour accomplir les conditions qui leur auraient été imposées ; 3º enfin, toutes les fois qu'il se formerait des coalitions d'ouvriers, ayant pour but de porter le désordre dans les ateliers, et de faire augmenter la main-d'œuvre hors de toute proportion avec les prix en usage dans le pays, la compagnie serait encore, dans ce cas, autorisée à faire venir sur les lieux où se seraient manifestés les désordres, le nombre de militaires qu'elle jugerait nécessaire pour rétablir la tranquillité.

Mais dans toutes les localités où la classe ouvrière présenterait assez de bras pour l'exécution des travaux, la compagnie ne serait autorisée à faire intervenir la troupe que pour rétablir l'ordre s'il était troublé.

En observant exactement les mesures ci-dessus prescrites, on a l'assurance que les classes ouvrières ne seraient nullement fondées à se plaindre de ce que les troupes viendraient s'emparer de leurs travaux , et par là les empêcher de gagner leur vie. Il est encore permis d'espérer qu'en observant rigoureusement ces prescriptions, la troupe ne serait obligée d'intervenir que dans un très petit nombre de cas. Cependant, s'il en était autrement, nous avons la conviction que l'emploi des troupes aux travaux publics serait en soi une bonne chose ; car l'homme de guerre qui aura l'habitude du travail sera toujours bien plus en état de faire campagne que celui qui ne fera que les exercices de garnison, et s'il nous fallait des exemples, nous n'en manquerions certainement pas en ayant recours l'histoire ancienne et moderne ; mais l'armée elle-même ne nous en offre-t-elle pas de plus d'un genre qui viennent tous à l'appui de notre proposition ? Qu'on se donne la peine de comparer la force et l'intelligence des ouvriers du génie, de l'artillerie, et de toutes les troupes de l'armée navale qui se livrent constamment à des travaux pénibles, et faits également pour exercer leur intelligence, on sera étonné de la différence qui existe entre elles sous ce rapport et les troupes de ligne. Ce seul motif devrait donc déterminer l'État à saisir avec empressement l'heureuse occasion qui se présente pour obliger toutes les troupes de l'armée à passer six mois de l'année sur les travaux publics. Pour encourager les officiers et soldats à suivre avec zèle les travaux, le temps qu'ils passeraient sur les ateliers leur serait compté sur le même pied que les campagnes faites en temps de guerre. Nous croyons que cet aiguillon suffirait pour détruire ce préjugé mal fondé dont beaucoup d'officiers de l'armée française sont encore imbus, et d'après lequel ils s'imaginent que le noble métier des armes l'emporte sur le noble métier de l'agriculture et sur l'industrie en général. Or, coopérer à l'exécution des voies de communication, n'est-ce pas faire de l'agriculture et de l'industrie, et par conséquent, n'est-ce pas employer son temps d'une manière tout aussi honorable que celui qu'on passe dans une ville de garnison à faire faire l'exercice à des recrues. Nous en appelons au bon sens de tous les officiers français, et nous avons la conviction que tous seront de notre avis.

CINQUIÈME PROPOSITION. — D'UN NOUVEAU SYSTÈME D'ENTRÉE DES FERS ÉTRANGERS EN FRANCE, POUR LA CONFECTION DES CHEMINS DE FER SEULEMENT, SANS QU'IL EN PUISSE RÉSULTER AUCUN DOMMAGE POUR LES FORGES FRANÇAISES.

Si la mesure que nous venons de proposer pour l'emploi des troupes aux travaux publics dans des circonstances données, a paru utile et bien entendue, nous pensons que celle que nous allons proposer relativement aux fers ne le sera pas moins. Tout le monde sait que les forges françaises ne produisent pas assez de fers pour la consommation habituelle du pays : on sait également que, quels que soient les efforts que puissent faire nos industriels, ils ne pourront jamais produire dans les premières années le dixième des quantités de fer nécessaires pour l'exécution de 2,500 lieues environ de chemins de fer qui devront être terminés en dix ou vingt ans. En admettant cette vérité qui est fondée sur les produits actuels de nos forges, il devient indispensable d'aviser aux moyens de suppléer à ce manque de produits. Ces moyens, nous ne les trouvons qu'en ayant recours aux produits des pays étrangers. Il faudrait donc que l'État autorisât la libre entrée des fers dans de certaines circonstances, de telle sorte que nos usines n'eussent pas à redouter leur ruine ni même l'affaiblissement de l'état de prospérité dont elles jouissent en ce moment, et que d'un autre côté les compagnies, et par suite le gouvernement (puisqu'il garantit 4 p. 0/0 des capitaux engagés), n'eussent pas à supporter les charges qui résulteraient pour eux et le pays du renchérissement des fers. Si donc, d'une part, nos forges ne produisent pas assez, et si, de l'autre, l'Etat continue à maintenir le tarif des droits d'entrée existants sur les fers et les fontes nécessaires à l'exécution des chemins de fer, il en résultera ou l'impossibilité d'exécuter les chemins de fer dans un temps assez court pour que la France puisse jouir aussi promptement que possible de leurs bienfaits, ou bien encore l'impossibilité de leur exécution à cause du renchérissement des fers. Il est par conséquent de la plus haute importance que le gouvernement prenne une mesure qui assure en même temps d'honnêtes bénéfices à nos maîtres de forges, et qui ne permette pas que la concurrence étrangère, pour les fers nécessaires à l'exécution des chemins de fer seulement, puisse jamais porter atteinte à la prospérité dont les usines jouissent en ce moment. Voici quelles seraient les mesures qu'il nous paraît nécessaire de prendre pour arriver à ce résultat :

1° Les chambres autoriseraient par les lois à intervenir M. le ministre des finances à permettre la libre entrée des fers étrangers propres à la construction des chemins de fer par des points déterminés, et toutes les fois que les fers, produit des forges françaises, s'élèveraient à un prix supérieur à celui de 36 fr. les 100 kilog., et à 30 fr. pour les fontes en forme de coussinet, de plate-forme, roues de waggons et de machines locomotives. Aussitôt que les prix des fers français seraient retombés au-dessous de ces taux les permis d'entrée seraient provisoirement supprimés. Enfin, cette partie de la loi serait établie d'après les principes qui ont servi de base à la loi des céréales, loi éminemment juste, éminemment nationale, et qui nous a préservés jusqu'à ce jour des disettes réelles ou factices auxquelles la la France était régulièrement exposée tous les cinq ou six ans.

Mais comment constatera-t-on que les maîtres de forges ne pourront pas produire les quantités qui leur seront demandées par les compagnies de chemins de fer et surtout à des prix au-dessous ou égaux à ceux portés ci-dessus. Le moyen est fort simple ; chaque compagnie fera insérer dans *le Moniteur,* journal officiel, qu'elle aura besoin pour telle époque, qui ne pourra être plus rapprochée que trois mois, de la quantité de fers qu'elle désignera, et si, dans la quinzaine, à partir du jour de l'insertion au *Moniteur,* elle ne reçoit pas de proposition et des offres par écrit de la part des maîtres de forges ou des négociants français de satisfaire à sa demande, M. le ministre des finances donnera alors à la compagnie l'autorisation de faire entrer en France les quantités de fers dont elle aurait fait la demande publiquement.

Toutefois, les demandes des compagnies ne devraient jamais s'étendre au-delà de la quantité de fers dont elles auraient besoin pour la pose à faire des rails et coussinets, ainsi que des waggons et machines locomotives qui leur seraient indispensables pour la partie de chemin qu'elle serait tenue d'exécuter dans le courant de l'année, aux termes du cahier des charges annexé à leur concession. Cette mesure nous paraît utile, nationale et juste, pour assurer à nos maîtres de forges les facilités dont ils ont besoin pour continuer les fournitures nécessaires pendant le cours des autres années, si du reste l'activité de leurs usines le leur permettait. Il résultera de l'observation de cette mesure que tous les intérêts seront conciliés sans qu'on puisse dire que ceux du pays en général ont été méconnus ; aussi avons-nous l'intime conviction que tous les membres des chambres et même les maîtres de forges qui en font partie donneront leur adhésion à une mesure aussi salutaire pour tous.

SIXIÈME PROPOSITION.— PROHIBITION DES MACHINES A VAPEUR TANT A POINTS FIXES QUE LOCOMOTIVES ET DES WAGGONS NÉCESSAIRES A L'EXPLOITATION DES CHEMINS DE FER.

Si nous avons demandé la libre entrée des fers dans des circonstances données, par des motifs non moins fondés et dans l'intérêt de l'industrie française , nous demanderons la prohibition pleine et entière des machines à vapeur locomotives, et des waggons. On va comprendre les motifs qui nous déterminent à faire cette demande.

Le service des 2367 lieues de chemins de fer, dont nous proposons l'exécution, exigera 1580 machines locomotives (pour une ligne de 60 lieues, on a reconnu que le service exigerait 40 machines locomotives) qui, au prix de 25,000 fr. l'une, occasionneraient une dépense de 29,500,000 fr. Cette dépense résulterait beaucoup plus de la main-d'œuvre que de l'acquisition des matières premières indispensables à leur exécution, et par ce motif seulement, s'il n'en était encore d'autres tout aussi importants, il faudrait mettre l'industrie française dans le cas de les exécuter toutes à elle seule et sans le secours de la concurrence étrangère. Si ce principal motif, qui intéresse si vivement notre industrie nationale, ne paraissait pas suffisant au gouvernement et aux chambres pour justifier la mesure que nous proposons, nous ajouterions qu'il existe encore une raison non moins puissante qui devrait les déterminer à l'adopter. Cette raison résulte de ce qu'on ne doit pas oublier que s'il est facile de faire venir de l'étranger des machines toutes faites, il ne l'est pas également de les transporter pour les réimporter ensuite lorsqu'il faudra les raccommoder. Il faudrait donc, pour obvier à ce dernier inconvénient, créer forcément en France de bons artistes sous peine de voir constamment interrompre les services des chemins de fer ; or, si l'on admet qu'il est impossible de se passer d'un nombre considérable d'ouvriers habiles pour réparer ces machines, on ne voit pas pourquoi on ne prendrait pas sur-le-champ les mesures nécessaires pour en créer un nombre suffisant, non-seulement pour leur entretien, mais aussi pour leur fabrication. Jamais une plus belle occasion ne s'est présentée pour obtenir plus facilement et plus promptement de pareils avantages, qu'offre instantanément et d'une manière soutenue pendant 10 années au moins la fabrication des 1580 voitures qu'il faudrait d'abord créer pour assurer le service sur toutes les lignes de chemin de fer, et ensuite leur entretien journalier qui occupera constamment un nombre considérable d'ouvriers. Ces avantages ne peuvent être contestés, car on sait qu'une machine locomotive, après avoir parcouru 40 lieues, doit passer par les mains des mécaniciens, d'abord pour être nettoyée et puis pour recevoir la réparation nécessitée par le bris ou la détérioration des pièces qui la composent, ce qui arrive assez souvent : d'ailleurs, certaines des pièces qui la constituent exigent un renouvellement assez fréquent pour justifier toutes les mesures que nous proposons. Et puis, d'un autre côté, ne pensera-t-on pas qu'une industrie de cette importance mérite une protection toute spéciale. Nous avons une trop haute opinion du gouvernement et des chambres pour croire qu'ils puissent hésiter un seul instant à les adopter. Si l'on objectait que nos mécaniciens sont peu au fait de ce genre de construction, nous répondrions que les personnes qui tiennent ce langage ont un intérêt particulier à perpétuer cette erreur, ou bien qu'elles sont incapables d'apprécier la supériorité, ou pour le moins l'égalité de talent de nos ingénieurs-mécaniciens avec ceux de toutes les autres nations : en effet pourrait-on mettre en doute que les Gambay, les Saulnier, les Motel, les Jacob, les Berthoux, qui sont les plus habiles constructeurs d'instruments de mathématique et de machines de précision de toute l'Europe, ainsi que les Cordier et Casalis de Saint-Quentin, les Cavé, les Frimau, les Perrier et Édouarth, les Cordier de Carcassonne, les Combs de Bordeaux, les..... de Rouen, les Cauvin de Dijon, etc., etc., nos plus habiles constructeurs de machines à vapeur, ne soient en état de construire les machines locomotives des chemins de fer aussi bien que celles qu'on construit en Angleterre. On se tromperait étrangement, car la plupart de ces ingénieurs ont fait leurs preuves en plus d'un genre en exécutant des machines ou des instruments de précision bien autrement difficiles que ne le sont les machines locomotives. Tous ces motifs nous font penser que le gouvernement doit être rassuré à ce sujet, et, si l'on nous objectait encore que les ateliers de ces ingénieurs ne sont pas montés sur une échelle assez grande pour entreprendre l'exécution de tant de machines à la fois, nous répondrions que le gouvernement n'a qu'à leur donner l'assurance que les machines étrangères seront entièrement prohibées, et que les artistes français recevront exclusivement la commande de toutes les machines qui seront nécessaires pour le service de nos chemins de fer, et alors on verra si tous, sans exception, ne répondent pas à la bonne opinion que nous avons de leur zèle et de leur talent. Si cette mesure est adoptée, comme je n'en doute pas, voici quelles en seront les conséquences : d'abord les habiles ingénieurs formeront un grand nombre d'ouvriers distingués, ajusteurs et chauffeurs de machines, qui se perfectionneront d'autant plus facilement qu'ils auront un plus grand nombre de machines à exécuter successivement et sans relâche, ce qui permettra d'attacher, comme cela est d'usage, un mécanicien à chaque machine locomotive, et d'assurer la continuité des services des chemins de fer sans crainte d'interruption par suite du manque de bons ajusteurs et de bons chauffeurs. Il est encore bon que les hommes d'état sachent qu'un ouvrier mécanicien est, en quelque sorte, marié avec sa machine, comme le cornac l'est avec son éléphant, qu'il ne la quitte pas, qu'il apprend, par ce moyen, à bien la connaître, et que c'est à cause de ses connaissances spéciales et de celles qu'il acquiert en la conduisant, qu'il parvient à connaître comment et par quels moyens il peut remédier aux vices de sa construction. C'est encore là une des causes qui obligent à l'emploi d'un aussi grand nombre de méca. niciens-chauffeurs, classe d'hommes tellement précieuse qu'on les rétribue généralement à raison de 4 et 5,000 fr. par an. Cette mesure est, à notre avis, l'une des plus importantes par la raison que la France ne peut pas et ne doit pas se mettre à la discrétion de l'Angleterre, car la guerre peut éclater entre les deux nations; et, dans ce cas, nous éprouverions de grands embarras, non-seulement parce que nos bons amis les Anglais ne manqueraient pas de nous jouer le mauvais tour d'obliger leurs concitoyens à rentrer sur-le-champ dans leur patrie, mais encore parce que nous ne pourrions plus acheter chez eux les machines dont nous aurions besoin, ni conserver sur les lignes de chemins de fer les ouvriers anglais que nous aurions été obligés d'y appeler, et dont le nombre s'élèverait à plus de 3,000. Au surplus, une nation, comme la nation française, qui sait si bien encourager tous les genres d'industries, ne peut pas, pour une seule spécialité, surtout aussi importante, se rendre dépendante de l'industrie anglaise. Par tous ces motifs, l'État, qui comprend si bien les besoins du pays, ne refusera certainement pas d'adopter la mesure que nous proposons.

SEPTIÈME PROPOSITION. — NOUVEAU MODE D'EXPROPRIATION D'APRÈS LEQUEL LES COMPAGNIES POURRAIENT ENTRER EN POSSESSION DANS LA HUITAINE.

L'utilité des mesures dont nous venons de proposer l'adoption étant reconnue, nous pensons que le gouvernement s'empressera également d'accueillir celle que nous allons lui soumettre, et qui est relative à un mode d'expropriation plus expéditif et qui ne blessera en aucune manière le droit de propriété. On sait que malgré les améliorations que la loi de 1834 a introduites dans cette matière, elle est encore loin de satisfaire aux exigences de rapidité que comporte l'industrie dont tous les instants sont comptés, autant dans son propre intérêt que dans celui du commerce, qui attend toujours avec impatience le jour où les nouvelles voies de communication peuvent être livrées à la circulation : or, pour cela il faut que rien ne puisse entraver ni arrêter l'exécution des travaux, et, par conséquent, il faut que les propriétaires, eux qui sont pour la plupart les plus intéressés à l'exécution des nouvelles voies de communication, ne puissent plus venir, par un intérêt mal entendu, tout arrêter. Il faut donc, puisque la dernière loi sur les expropriations n'a pas suffisamment prévu toutes ces difficultés, que les lois spéciales de concession donnent le droit aux compagnies ou à l'État d'entrer immédiatement en jouissance de tout ou partie des propriétés qui devront être traversées par ces voies de communication. Pour cela, la loi devra tracer ainsi la marche à suivre : les compagnies auront préalablement à inviter les propriétaires par un avis du maire de la commune, qui sera donné sans frais, d'assister au jour indiqué à la maison commune pour entendre les propositions qui leur seront faites au nom de la compagnie sur l'arrangement à l'amiable à prendre relativement au prix de la partie ou du tout de leur propriété qui devra être occupé par la compagnie. Si par suite de cette conférence ou du défaut que pourraient faire les propriétaires, on n'arrivait pas à un arrangement, actes des défauts ou de la non-réussite des arrangements proposés seront donnés à la compagnie, et celle-ci pourra sur-le-champ réclamer la présence d'un juge-de-paix du canton, qui sera tenu de procéder, dans les trois jours, à une évaluation provisoire de la portion de la propriété qui devra être sacrifiée. Dans ce cas, le juge de paix remettrait son procès-verbal d'expertise à la compagnie, et celle-ci n'aurait plus qu'à se présenter chez le receveur du département pour déposer la somme résultant de l'évaluation. La compagnie pourrait ensuite, munie du procès-verbal du maire, du procès-verbal du juge de paix et du reçu du receveur-général du département, entrer immédiatement en jouissance de la partie ou de la propriété du récalcitrant, et si ce dernier s'opposait par la violence à la prise de possession, la compagnie aurait la faculté de requérir le maire de la commune, et celui-ci serait tenu, à son tour, de donner l'ordre à la force publique de prêter main forte.

Cette mesure ne préjugerait en rien les droits et les prétentions du propriétaire, il pourrait toujours appeler de ce jugement aussi bien que la compagnie, et la question serait soumise au jury spécial d'expertise et jugée par les tribunaux, conformément à la loi d'expropriation de 1834, sauf à parfaire par suite du jugement définitif à intervenir.

Il résulterait de cette disposition nouvelle qui nous paraît indispensable, si l'on veut que les travaux publics puissent s'exécuter rapidement, que les compagnies ainsi que le gouvernement pourraient être mis en possession de tout ou partie d'une propriété dans les huit jours de l'invitation faite par le maire pour l'arrangement à l'amiable.

HUITIÈME PROPOSITION. — SUR L'APPLICATION DE LA PLUS-VALUE AUX CHEMINS DE FER.

Si l'équité veut que l'on paie aux propriétaires les portions de leurs immeubles, dont le sacrifice est jugé nécessaire pour l'exécution des voies de communication, il n'est au moins juste que tous ceux dont les propriétés se bonifient par suite de la création de ces voies de communication participent, proportionnellement, aux avantages qu'ils en retirent, aux frais de leur exécution. Jusqu'à ce jour, en France, on s'est montré à cet égard d'une injustice que rien ne saurait justifier ; tout le monde réclame la création de routes, de canaux, de chemins de fer, et personne ne veut en supporter les charges ni en payer les frais ; loin de là, tous les propriétaires dont les terres se trouvent coupées par les voies nouvelles, se considèrent comme des victimes, et ils élèvent presque toujours leurs prétentions d'indemnités à des taux si exorbitants, que souvent le prix qu'ils réclament pour la portion qui leur est enlevée, quelque faible qu'elle soit d'ailleurs, est plus élevé que le prix réel de la propriété tout entière, et cependant presque toujours le restant de leur propriété augmente de prix, de telle sorte que si l'État faisait exécuter la loi du 16 septembre 1807, relative à la plus-value acquise par les propriétés coupées et riveraines dans le rayon où les propriétés ont acquis une augmentation de valeur, ainsi que cela a été réglé par l'article 30 de cette loi, cette plus-value serait souvent plus que suffisante pour solder toutes les dépenses nécessaires à l'exécution de ces voies de communication.

Or, puisqu'il est reconnu en principe, et que ce principe a été proclamé par les lois de 1807 et de 1833, que lorsqu'une propriété gagne de la valeur dans les cinq premières années depuis la création d'une nouvelle voie de communication, le propriétaire doit tenir compte à l'État ou à la compagnie qui le représente, de la moitié de la plus-value ; nous demandons, en vertu de ce principe, que les lois spéciales à intervenir autorisant la concession de voies de communication, en ordonnent l'application d'une manière formelle. Pour mieux faire comprendre combien cette mesure serait féconde en bons résultats, nous allons citer quelques exemples.

Les études que nous avons faites de la ligne de Paris à Tours, passant par Versailles, Rambouillet, Chartres, Châteaudun, Vendôme, Château-Regnault, Vouvray et Tours, nous ont mis dans le cas de prouver que toutes les propriétés s'étendant souvent jusqu'à deux lieues , à droite et à gauche du chemin de fer à exécuter, acquerront une valeur considérable.

Premier exemple. La forêt de Château-Lavallière, située à trois lieues du chemin de fer, produit annuellement 25,000 voies de charbon (une voie de charbon pèse 60 kilogrammes), ce qui fait un poids de 1,500 t. , qui sont transportées sur Paris par un roulage accéléré spécial, au prix de 60 fr. par tonne. Par le chemin de fer, ce prix sera réduit à 28 fr. 80 c. ; il y aura donc une différence sur le prix du transport, et pour l'année, de 46,800 fr. Mais toute cette forêt n'est point exploitée en charbon , elle produit des bois de charpente qui seront transportés sur la Beauce , où ils manquent , et certes l'on ne peut évaluer la plus-value de toute cette grande forêt à moins de 100,000 fr., ce qui représente en biens-fonds un capital de 4,000,000 fr. Or, il nous semble que puisque la loi accorde à l'Etat ou à la compagnie qui le représente dans certains cas , la moitié de cette plus-value , il serait de toute justice que les lois à intervenir en prescrivissent l'application d'une manière rigoureuse. Nous disons rigoureuse à dessein , car il est de toute justice que la propriété qui double de valeur par suite de la création d'une nouvelle voie de communication paie proportionnellement les frais de construction.

Deuxième exemple. Les vins fins des communes de Saint-Cyr, Saint-Symphorien , Sainte-Radégonde, Rochecorbon , Vouvray, Vernou et Chancey, qui s'exportent sur Paris ou sur la Flandre, s'élèvent à plus de 20,000 t. ; la moitié au moins prend la voie du roulage et paie 60 fr. la tonne, tandis que par le chemin de fer ce prix serait réduit à 28 fr. 80 c. ; la différence sera donc pour les propriétaires de ces communes de 312,000 fr. Pour les autres 10,000 t. transportées par eau, au prix de 36 fr. la tonne, la différence ne sera plus que de 7 fr. 20 c. par tonne, et pour les 10,000 elle produira une économie de 72,000 fr., ce qui donnera pour les 20,000 t. un bénéfice total de 384,000 fr. par an, qui représente un capital de 15,360,000 fr. employés en biens-fonds produisant 2 1/2 p. 100.

Troisième exemple. La forêt de Fretval, dont l'étendue est de 2,500 hectares, et dont les coupes annuelles sont réglées à raison de 53 hectares, rapporte, par an, 150,000 francs à son propriétaire. La plus grande partie de son bois est transformée en charbons qui sont conduits sur Paris par le moyen d'un roulage accéléré spécial. Cette forêt n'étant éloignée du chemin de fer que d'un quart de lieue, et par conséquent les calculs qui ont servi à déterminer les produits de la forêt de Château-Lavallière lui étant à plus forte raison applicables, il en résulte que son revenu sera au moins doublé, ce qui en portera la plus-value à 150,000 francs de rente, représentant un capital de 6 millions employés en biens-fonds produisant 2 1\|2 pour 100.

Quatrième exemple. La forêt de Marchenoir, qui est située à la même distance de Paris que la précédente, a à peu près la même surface, et est en grande partie exploitée de la même manière; son revenu est le même, et elle n'est éloignée du chemin de fer que d'une lieue et demie; il est donc également certain que son revenu doublera, ce qui portera la plus-value à la somme de 150,000 francs de rente, représentant aussi un capital de 6 millions.

Cinquième exemple. La forêt de Rambouillet produit tous les ans 60,000 stères de bois pesant 36,000 t. Dans l'état actuel des voies de communication, les bois de Rambouillet ne peuvent guère se présenter avec avantage sur le marché de Paris, à cause des frais énormes du transport qui sont de 12 francs par tonne, ou de 7 francs vingt centimes par stère : mais comme le chemin de fer permettra de réduire ce prix de moitié, il en résultera une plus-value de 216,000 francs pour la forêt, ce qui représente un capital, à 2 1\|2 pour 100, de 8,640,000 francs.

Nous bornerons là nos citations, et puisque les quatre forêts de Château-Lavallière, de Fretval, de Marchenoir, de Rambouillet, et les vignes des environs de Tours et de Vouvray, présentent une plus-value de 40 millions, dont la moitié appartiendrait à l'Etat si l'on exécutait la loi qui en a établi le principe, il est plus que permis d'espérer qu'en en faisant l'application d'une manière proportionnelle et générale à toutes les propriétés qui profiteront des avantages du chemin de fer, l'Etat n'aurait pas même besoin d'exiger plus que le dixième de la plus-value pour se faire rembourser ses avances. La plus-value à elle seule peut donc offrir au gouvernement des ressources immenses qui, étant bien appliquées, doivent faire face à tous les frais des travaux publics à exécuter.

Ainsi, par exemple, supposons que les bienfaits du chemin de fer de Paris à Tours ne se fassent sentir que sur les propriétés environnantes qui sont situées à une distance de 1,000 m. à droite et à gauche du chemin dans toute l'étendue de son parcours, et prenons pour base la plus-value de la forêt de Fretval, qui se trouve établie d'une manière claire et nette sur des données certaines. Cette plus-value est égale à 2,400 francs l'hectare ; or la distance de Paris à Tours étant de 236,000 m. en la multipliant par 2,000 m., largeur de la zône sur laquelle doit évidemment, d'après notre hypothèse, se faire ressentir plus puissamment l'effet du chemin de fer, on aura une surface de 47,200 h. qui, au prix de 2,400 francs l'un, pour le prix de la plus-value, produiront une somme de 113,280,000 francs, dont la moitié, aux termes de la loi, reviendrait au gouvernement ou à la Compagnie qui le représenterait ; soit 56,640,000 francs. Mais si la raison et la justice veulent que ceux qui profitent plus immédiatement et le plus avantageusement des voies de communication en paient les frais de construction, elles ne veulent pas sans doute que le gouvernement ou les compagnies qui le représentent dans certains cas puissent recueillir de l'application du principe de la plus-value, des sommes supérieures à celles qui sont nécessaires pour faire face aux frais de construction de ces voies de communication. Or, on a vu que les forêts et les vignes que nous avons citées comme des exemples, se trouvent situées à 1,000, 4,000 et 6,000 m. de distance du chemin de fer de Paris à Tours, et que par conséquent l'effet que produiront les chemins de fer sur l'augmentation des valeurs des propriétés sera immense sur une zône beaucoup plus large que celle de 2,000 m. que nous avons fixée dans notre première hypothèse. On peut donc, sans crainte d'exagération, compter que les chemins de fer produiront une plus-value qui s'étendra sur une zône de plus de deux lieues de largeur ou de 4,000 m. à droite et de 4,000 m. à gauche, ce qui porterait cette plus-value, pour la ligne de Paris à Tours, s'appliquant sur une surface de 188,800 hectares, à 453,120,000 francs. La moitié de cette somme, qui reviendrait au gouvernement ou à la compagnie, serait donc de 226,560,000 francs : comme on peut le voir, elle serait de beaucoup supérieure à celle qui est nécessaire pour faire face aux frais de construction du chemin de fer qui ne s'élèveraient, d'après les prix actuels de main-d'œuvre et de matières premières, qu'à la somme de 30,000,000 francs. Les propriétaires feraient donc un grand bénéfice en s'engageant à rembourser à l'Etat ou à la compagnie les frais de construction qui ne s'élèveraient qu'à 1\15^e des avantages qu'ils retireraient de la plus-value totale de leurs propriétés. Ainsi un hectare de terre, dont la plus-value serait de 2,400 francs, aurait à payer à l'Etat ou à la compagnie qui le représenterait, une somme de 160 francs ; et comme les travaux exigeraient pour leur exécution cinq années, il s'en suivrait que le propriétaire n'aurait à payer annuellement que le 1\5^e de cette somme, ou 31 francs, c'est-à-dire la moitié du revenu moyen d'un hectare de terre.

D'après ce qui précède, si le principe de la plus-value était bien appliqué avec tous les ménagements que nous venons d'indiquer, il produirait à lui seul les fonds nécessaires pour toutes les lignes de chemins de fer de France, et la perception en serait d'autant plus facile, que peu de propriétés seraient exemptes de cette espèce de contribution, et qu'enfin si l'Etat voulait user de son droit, il est certain qu'il pourrait exiger des propriétaires qu'ils payassent non seulement le 1/15e de la plus-value acquise, mais encore les forcer à payer la moitié de cette plus-value qui, d'après l'exemple que nous venons de citer, au li.. de 160 francs par hectare, s'élèverait à 1,200 francs. Nous pensons donc que cette proposition mérite de fixer, d'une manière particulière, l'attention du gouvernement et des chambres. Nous ne la donnons cependant ici que comme offrant un moyen de subvenir aux remboursements des avances que l'Etat serait obligé de faire aux compagnies, dans l'hypothèse où le moyen que nous allons développer dans la proposition suivante, ne suffirait pas, ce qui nous paraît impossible, comme on va s'en convaincre si l'on veut bien nous lire avec quelque attention jusqu'au bout.

NEUVIÈME PROPOSITION. — ASSOCIATION MUTUELLE ENTRE TOUTES LES COMPAGNIES QUI EXÉCUTERONT LES CHEMINS DE FER DE FRANCE ET GARANTIE D'INTÉRÊT A 4 POUR 100 A LUI ACCORDER PAR L'ÉTAT.

La proposition que nous allons développer est basée sur un principe d'équité et d'association qui ne permet pas de supposer qu'elle puisse rencontrer de sérieux contradicteurs parmi les hommes éclairés qui abondent dans le gouvernement, dans les chambres et dans la France en général. Au surplus, il n'y a rien de contraint ni de forcé dans son application et qui puisse lui imprimer le caractère de l'arbitraire dont on redoute tant et avec raison les effets dans notre pays.

Les banquiers français ou plutôt les banquiers de Paris, ayant reconnu à tort ou à raison qu'ils ne pourraient pas seconder l'industrie nationale dans l'exécution des voies de communication et plus particulièrement des chemins de fer, ils jugèrent qu'il était indispensable que le gouvernement intervînt pour encourager ces grandes entreprises. Des ouvertures ont été faites à ce sujet au gouvernement par un grand nombre des principales maisons de banque de Paris. Ces propositions étaient plus ou moins onéreuses pour l'État; mais elles étaient presque toutes conçues en vue de ménager aux maisons de banque qui les ont faites les moyens de faire des bénéfices énormes dans le cas où

les entreprises seraient très productives, et dans le cas contraire
d'obliger le gouvernement à leur garantir un intérêt supérieur à
celui que les banquiers paient eux-mêmes aux capitalistes qui
ordinairement déposent leurs fonds dans leurs maisons ; sans
compter les bénéfices qu'ils auraient faits sur les actions qu'ils
auraient eu le privilége exclusif de vendre pendant la durée de
l'exécution des travaux, et sans que les parties prenantes pussent
à leur tour les revendre autrement qu'avec leur permission,
comme cela s'est fait pour l'entreprise du chemin de Saint-
Germain. Enfin, d'après des calculs faits par des personnes in-
tègres et bien au fait de toutes les manœuvres de banque et de
bourse, on reconnaît que les banquiers auraient recueilli, 1° un
bénéfice sur les actions qu'ils auraient vendues ; 2° un bénéfice
pour l'encaissement des fonds ; 3° un bénéfice énorme qu'ils auraient exigé de la compagnie pour la rétrocession de leur privilége de concession ; 4° de forts honoraires comme administrateurs de la compagnie; 5° de forts honoraires pour frais de
tournée sur la ligne ; 6° de forts honoraires pour frais de voyage
entrepris dans l'intérêt de la compagnie, soit en Angleterre, en
Belgique, en Suisse, etc.; 7° pour frais extraordinaires d'avances
de fonds à la compagnie, dans le cas où les versements des porteurs d'actions ne se feraient pas régulièrement, et on sait que
cela arrive presque toujours ; enfin, pour une foule d'autres frais
auxquels les compagnies ne s'attendent jamais et que MM. les
banquiers savent toujours très bien porter au compte des actionnaires. Il résulte de toutes ces recherches sur les frais de
primes fixes ou variables, que les banquiers absorbent générale-
ment 25 p. 1|0 du capital employé aux travaux publics. Les per-
sonnes qui douteraient de cette vérité pourront s'en convaincre
facilement en consultant, non pas MM. les banquiers, mais les
industriels qui ont eu affaire à eux, et nous ne craignons pas
de le dire, si en France les affaires industrielles ont généralement produit de faibles bénéfices, et si le plus souvent elles ont
été malheureuses pour les actionnaires, c'est toujours par suite
de l'avidité des banquiers qui, en général, ne comprennent pas

très bien les affaires de cette nature et qui ne les acceptent que lorsqu'elles leur présentent en apparence des bénéfices énormes, ce qui serait raisonnable et non funeste s'ils attendaient pour les réaliser que les travaux fussent exécutés et les voies de communication livrées à la circulation : mais on sait au contraire que c'est pendant le cours d'exécution des travaux que presque toujours ils cherchent à s'assurer de gros bénéfices au grand détriment des actionnaires, et il faut encore le dire ici : ils ne sont pas très difficiles sur les moyens à employer. Le soussigné serait à même d'en signaler qui seraient de nature à étonner les chambres et le public; mais pour l'honneur de certaine corporation il consent à garder, pour le moment, le silence. Parmi les mille moyens que les banquiers emploient, tels que comptes de toutes espèces qu'ils se font solder impitoyablement, monopole des actions, ce qui leur permet de faire baisser ou monter leur cours selon la spéculation qu'ils préparent à la bourse de tel jour; ils ont soin, pour assurer le succès de ces jeux de bourse, de se réserver exclusivement le dépôt et le maniement de tous les fonds de la compagnie, ce qui leur facilite le jeu de la hausse ou de la baisse sur les fers et autres matières de toute espèce qu'ils ont soin de faire acheter par des compères qui viennent ensuite les vendre à des prix ou ne peut plus désavantageux à la compagnie dont le conseil d'administration est presque toujours dirigé par le banquier, auteur de ces beaux coups de commerce. Nous ne taririons pas si nous voulions révéler tous les moyens mis en usage dans de pareilles circonstances; mais, ce qu'il y a de remarquable, c'est que très souvent, lorsque les banquiers ont épuisé la mine, et que, par ce motif, ils ont conduit l'affaire à sa perte, ils se dégagent en sous-main de leur apparent fardeau, et se font même prier par leurs compères de vouloir bien continuer leurs soins à l'affaire, sous peine de la voir perdue s'ils cessent de la conduire. Enfin, un beau jour, on apprend que le banquier n'est plus intéressé dans l'entreprise, et alors on peut être assuré qu'elle est perdue; en effet, on ne tarde pas à apprendre que la compagnie est en liquidation ou qu'elle fait un appel extraordinaire de fonds aux actionnaires. D'honnêtes gens s'émeuvent, font des recherches, mettent le nez dans les registres de la compagnie, récapitulent toutes les dépenses avec bien de la peine, à la vérité, tant les comptes sont embrouillés ; mais enfin ils parviennent à s'apercevoir un peu tard, il est vrai, que le banquier a prélevé en frais de toute espèce le quart des sommes versées par tous les actionnaires, non compris les pots-de-vins, les remises des marchés à forfait, etc., etc. : toutes belles affaires qu'on fait régulariser par un ingénieur complaisant ou qui souvent est trop honnête homme pour s'apercevoir de la portée des mesures qu'on lui fait prendre. C'est dans cet état que le banquier se retire de l'affaire, n'ayant plus une seule action de capital ; seulement il conserve encore celles de ses actions industrielles qu'il n'a pas eu l'occasion de vendre d'une manière assez avantageuse et qu'il réserve, à tout hasard pour le cas où l'affaire parviendrait à se relever et à produire un dividende, afin, dans ce cas, d'en recueillir encore sa bonne part. Voilà le rôle qu'on attribue généralement aux banquiers juifs, hommes d'argent, et cette épithète, qu'on le sache bien, ne s'applique pas, dans notre esprit, à l'homme religieux : sur ce point notre tolérance est sans limite. Nous savons qu'il est d'honorables exceptions, et nous connaissons des maisons françaises et des maisons suisses et même des maisons juives qui, certes, sont loin de mériter d'être confondues dans la foule de ces espèces de pirates qui ont fait tout le mal de notre industrie : telles sont les maisons Jacques Lafitte, Sanlot-Baguenault, Bartholony, de la Hante, de la Panouse, Delessert frères, Dufour et Paccart, etc., etc.

Cette opinion peut d'autant moins être contestée qu'elle est corroborée par l'expérience malheureuse qu'en ont faite tous nos industriels qui s'occupent de grands travaux publics. Qu'on examine, en effet, leur position financière, et l'on verra que beaucoup d'entre eux ont exécuté des travaux immenses qui auraient dû, en ne comptant que sur des bénéfices honnêtes, leur procurer une très grande fortune ; eh bien ! qu'on les consulte, et l'on verra qu'ils répondront tous sans exception qu'ils sont pauvres et qu'ils ont cependant exécuté des travaux qui rapportent de grands bénéfices ; mais, ajouteront-ils, tout est resté entre les mains des banquiers. Nous pourrions citer bien des exemples ; nous nous bornerons à en faire connaître un seul : tout le monde pourra en vérifier l'exactitude.

Le pont du Carrousel a été conçu et exécuté par un ingénieur civil qui, comptant sur la promesse des banquiers, un peu légèrement peut-être, s'était mis à l'œuvre. Lorsqu'ils le virent engagé aussi imprudemment, ils l'abandonnèrent à ses propres forces, et à peine les fondations du pont étaient-elles achevées qu'il fut obligé d'en suspendre les travaux. Que faisaient les banquiers pendant ce temps ? Au lieu de remplir les engagements qu'ils avaient pris verbalement, ils attendaient la ruine complète de cet industriel ; que sa fortune et celle de sa femme fussent fondues pour faire honneur à des engagements auxquels seuls ils devaient satisfaire. Enfin, lorsqu'on vit que l'auteur du projet était hors d'état de continuer ses travaux, on se donna des airs de générosité, on lui offrit de fournir les fonds pour terminer le pont : ce qu'on effectua assez rapidement, après toutefois que l'auteur eut été entièrement dépouillé de tous les avantages que ces sortes d'affaires présentent ordinairement aux industriels, et les actions qui étaient, lors de leur création, de 1,000 fr., montèrent à plus de 2,000 fr. Ainsi l'argent des banquiers et des dix ou douze porteurs d'actions a plus que doublé. Il semblerait tout naturel que dans un pareil état de prospérité la compagnie ou plutôt les banquiers qui mènent toujours ces sortes d'affaires eussent offert à l'industriel qu'ils avaient si maltraité le remboursement de sa fortune personnelle et de celle de sa femme, ou au moins de fortes indemnités ; mais bien loin de là, toute la générosité des banquiers et des capitalistes s'est seulement étendue, et comme une grâce toute spéciale encore, jusqu'à lui accorder la faveur d'être l'inspecteur de son pont avec un traitement annuel de 1,500 fr. Voilà l'histoire de beaucoup de banquiers qui se mêlent de nos affaires industrielles.

Le gouvernement et les chambres pourront donc avec raison adopter les mesures que nous allons proposer et qui permettront à l'industrie d'exécuter les travaux publics sans l'intervention des banquiers. A cet effet il sera formé une association mutuelle de garantie entre toutes les compagnies qui voudront se charger de l'exécution des lignes de chemins de fer dont le développement ne sera pas au-dessous de 200,000 m. et d'après les principes posés dans les propositions précédentes. A cette condition l'État garantira 4 p. 100 d'intérêt aux capitaux qui seront employés pour leur exécution, mais aux conditions et avec les restrictions suivantes, savoir :

1° Les revenus de chaque ligne sont affectés, 1° à son entretien ; 2° à ses frais d'administration ; 3° au service de tout ou partie des intérêts à raison de 4 p. 100 ; 4° s'il y a lieu, à un prélèvement proportionnel du fonds restant pour subvenir au manque de produits des lignes dont les revenus ne s'élèveraient pas assez haut pour servir les intérêts des fonds engagés pour leur exécution ; 5° à un prélèvement proportionnel sur le fonds également restant pour subvenir au manque de produits des lignes dont les revenus seraient insuffisants pour former un fonds d'amortissement de 1 p. 100 du capital engagé.

2° Après avoir prélevé toutes les sommes nécessaires aux prévisions de l'article qui précède, le surplus des produits de chaque ligne constituerait ce qu'on appelle dividende, et les compagnies en opéreraient la répartition entre les porteurs d'actions de capital et les porteurs d'actions de jouissance, conformément aux statuts qui régiraient chacune d'elles.

3° Toute compagnie qui voudrait exécuter un chemin de fer par ses propres moyens et sans l'intervention du gouvernement y serait autorisée ; toutefois cette compagnie serait tenue de satisfaire aux conditions générales prescrites par les lois sur les travaux publics pour assurer l'exécution des travaux, d'après les stipulations des cahiers de charges.

Après avoir exposé dans les paragraphes qui précèdent les conditions que le gouvernement doit imposer aux compagnies pour assurer l'**exécution** des chemins de fer, sans qu'il coure le risque d'engager sa responsabilité autrement qu'en garantissant aux compagnies l'intérêt du capital nécessaire à leur exécution, nous allons démontrer, au moyen de trois hypothèses, qu'il n'y a réellement aucun danger pour l'État à employer le mode que nous proposons.

PREMIÈRE HYPOTHÈSE.

Nous prendrons d'abord pour exemple les lignes qui ont été étudiées pour le compte des compagnies, ainsi que celles dont elles sollicitent les concessions et dont les produits, calculés sur des données certaines, donnent l'assurance que les capitaux qui seront engagés rapporteront au minimum 12 p. 100 d'intérêt. On sait, et il est bon de faire remarquer que l'industrie n'entreprend les affaires de cette nature que lorsqu'elles lui présentent en perspective de semblables produits, et l'expérience a démontré que ses prétentions n'étaient pas trop élevées pour attirer les capitaux dans ces sortes d'affaires. Or, voici les lignes que nous pensons ne pas devoir produire moins de 12 p. 100 :

1° Celle de Paris à Lille avec tous ses embranchements, dont le développement s'élèverait à 644,000 m. ; de ce nombre, 244,000 m. seraient à double voie, et la dépense totale s'élèverait à. . . . . 76,000,000 fr.

2° Celle de Paris à Mézières avec son embranchement, présentant un développement total de 522,500 m. à une seule voie, aux prix de 100,000 fr. la lieue. 52,550,000

3° Celle de Paris à Strasbourg, sans avoir égard à ses embranchements, bien qu'il soit démontré que la plupart rapporteront plus de 12 p. 100, aura un développement de 475,580 m., à double voie, au prix de 600,000 la lieue. . . 71,337,000

4° Celle de Paris à Marseille, à double voie,

A reporter. . . . . . 199,887,000 fr.

Report. .   .   .   .   .   . 199,887,000 fr.

dont le développement est de 877,132 m., au prix de 600,000 fr. la lieue. 131,569,800

5° Celle de Paris à Toulouse, à double voie, dont le développement sera de 686,500 m. .   . 102,975,000

6° Celle de Paris à Bordeaux, à double voie, dont le développement sera de 621,000 m.; plus les embranchements à une voie sur Blois, Évreux, Saumur, La Rochelle, Rochefort et Nantes, dont les développements s'élèveront à 548,000 m., qui étant réunis aux 621,000 m. de la ligne de Paris à Bordeaux, nécessiteront une dépense de. 147,950,000

7° Celle de Paris au Hâvre, à deux voies, d'un développement de 233,000 m.; plus les embranchements sur Beauvais et Dieppe, à une voie, dont les développements s'élèveront à 117,000 m.; ensemble 350,000 m., qui coûteront. 46,650,000

Le développement de ces diverses lignes avec leurs embranchements, sera donc de 4,103,712 m., et le montant total de la dépense de. .   .   .   . 628,731,800 fr.

Nous aurions pu admettre dans cette catégorie les embranchements de Nancy à Thionville, de Vitry-le-Français à Pontarlier, de Chaumont à Épinal, de Gray à Vesoul, de Bray à Auxerre, de Châlons-sur-Saône à Lons-le-Saunier, de Lyon à Genève, d'Orléans à Clermont, d'Aubusson à Limoges, de Dreux à Cherbourg, de Chartres à Rennes, et de Niort à Nantes, qui tous produiront plus de 10 p. 100, et probablement 12 p. 100; mais nous avons mieux aimé nous arrêter aux premières lignes dont les revenus ne peuvent être mis en doute, et prouver qu'avec leurs seuls produits on peut garantir aux capitaux engagés pour l'exécution de toutes les lignes qui figurent sur notre tableau un intérêt de 4 p. 100. En supposant même que toutes les autres lignes ne produisissent que pour leurs frais d'entretien et d'administration, ce qui n'est pas vraisemblable, les actionnaires des lignes productives recevraient néanmoins en sus de l'intérêt, un dividende de 3 fr. 22^c 71 p. 100, ce qui dans cette hypothèse, qui est la plus défavorable, offrirait encore aux capitalistes un placement de leur argent à 7 fr. 22^c 71 p. 100. Or, qu'on nous dise s'il est bien facile dans l'état actuel de l'agriculture, du commerce et de l'industrie, de faire des placements aussi avantageux, sans courir le moindre danger de compromettre son capital, et enfin avec la certitude que ce capital, dans aucun cas, ne rapportera moins de 4 p. 100. Aussi avons-nous la conviction que si l'État adopte les mesures que nous proposons, les capitalistes français lui offriront quatre fois plus d'argent qu'il n'en aura besoin pour toutes nos lignes de chemins de fer.

Nous devons faire remarquer, toutefois, que nous n'admettons pas la nécessité d'exécuter une ligne qui ne présenterait pas de produits au moins suffisants pour faire face à ses frais d'entretien et d'administration, à moins que les localités ne voulussent prendre l'engagement de satisfaire à cette partie des charges de l'entreprise.

Nous avons vu que le capital engagé pour les lignes dont les revenus s'élèveront à 12 p. 0/0 est de 628,731,800 fr., dont le produit annuel sera de 75,447,816 fr. De cette somme, il faut déduire celle de 44,124,872 fr. pour les intérêts des capitaux engagés dans la construction de tous les chemins de fer, qui s'élèvent à 1,103,121,800 fr. Il restera une somme de 31,322,944 fr., de laquelle il faut encore déduire 1 p. 0/0 du capital pour l'amortissement, soit 11,031,218 fr. Par suite de toutes ces déductions il restera une somme de 20,291,726 fr., qui sera répartie en dividende sur les 628,781,800 fr., lequel s'élèvera à 3 fr., 22^c 71 p. 0/0. Mais on ne doit pas perdre de vue que ce résultat n'est que la conséquence de l'hypothèse la plus défavorable.

DEUXIÈME HYPOTHESE.

Si l'on veut bien admettre comme nous que les portions de lignes ou les embranchements non compris dans la première hypothèse, produiront au moins 10 p. 0/0 du capital engagé, on aura alors les produits suivants qu'il faudra ajouter à ceux qui précèdent, savoir :

Pour l'embranchement de Nancy à Thionville,
à une voie. . . . . 74,800 m.

Pour id. de Vitry-le-Français à Pontarlier, id.	275,000
Pour id. de Chaumont à Colmar. . . id.	180,000
Pour id. de Gray à Vesoul. . . . . id.	54,000
Pour id. de Bray à Auxerre. . . . . id.	80,000
Pour id. de Châlons - sur - Saône à Lons - le - Saulnier. . . . . id.	58,000
Pour id. de Lyon à Genève. . . . . id.	143,000
Pour id. de Morenas à Aix. . . . . id.	110,000
Pour id. d'Orléans à Clermont. . . . id.	319,000
Pour id. d'Aubusson à Limoges. . . . id.	79,000
Pour id. de Dreux à Cherbourg. . . id.	279,000
Pour id. de Chartres à Rennes. . . . id.	260,000
Pour id. de Rennes à Saint-Màlo. . . id.	71,000
Pour id. de Niort à Nantes. . . . . id.	161,000

Total du développement des lignes à une voie
qui produiront 10 p. 0/0. . . . . 2,152,800 m.

dont le prix de construction ou de revient, calculé à raison de 400,000 fr. la lieue, sera de 215,280,000 fr. qui produiront, à raison de 10 p. 0/0, une somme annuelle de 21,528,000 fr., qu'il faut ajouter à celle de 75,447,816 fr. exprimant le produit des lignes de la première et deuxième catégorie, ce qui donnera un revenu total de 96,975,816 fr. De cette somme, il faut déduire celle de 11,124,872 fr., nécessaire au service des intérêts du capital (1,103,121,800 fr.) engagé pour l'exécution de tous les chemins de fer compris dans notre tableau. Cette somme sera prélevée d'une manière proportionnelle, qui sera de 45ᶜ 50 pour franc du revenu net de chaque catégorie, et ainsi qu'il suit, savoir :

Pour la première catégorie les produits s'étant élevés à . . . . 75,447,816 fr.

Et la cote du marc le franc étant de 45ᶜ 50, la somme à déduire sera de. 34,328,750

Il restera donc une somme de . . . . . 41,119,060 fr.

dont il faudra encore déduire, et d'une manière proportionnelle, une autre somme destinée au fonds d'amortissement, qui est de 11,031,218 fr. par an, ce qui exigera un prélèvement de 11ᶜ 375 par franc des produits nets. Ce prélèvement portant sur les produits de la première catégorie, s'élèvera à 8,584,189 fr. qu'il faudra déduire de la somme de 41,119,060 fr.; il restera donc pour produits nets une somme de 32,,526, 871 fr., laquelle sera répartie aux porteurs des actions de la première catégorie, montant à 628,731,800 fr., ce qui permettra de leur distribuer un dividende de 5 fr. 17ᶜ 02 p. 100, et ce qui portera l'intérêt de l'argent à 9 fr. 17ᵒ 02 p. 100.

Nous avons trouvé que les produits nets de la seconde catégorie seront de 21,528,000 fr., ce qui à 45ᶜ 50 pour la proportionnelle du marc le franc destinée à faire face aux intérêts des capitaux engagés dans l'exécution de tous les chemins de fer forment, pour le contingent de cette catégorie, une somme de 9,695,240 fr. qu'il faut déduire des 21,528,000 fr. de produits nets; il restera donc 11,832,760 fr., desquels il faut encore déduire une proportionnelle calculée au marc le franc pour former un fonds d'amortissement de 11,031,218 fr., qui permettra de rembourser le capital en quatre-vingt-dix-neuf ans. Cette proportionnelle s'élèvera à 11ᶜ 275 par franc, et à une somme de 3,148,810 fr. qu'il faudra retrancher de celle de 11,833,760 fr., et l'on aura alors une somme de 9,383,950 fr. qui formera le dividende à distribuer aux porteurs d'actions de la deuxième catégorie, dont le montant des actions s'élève à 215,280,000 fr., ce qui portera la répartition à 4 fr. 35ᶜ 9 p. 100, et ce qui élevera l'intérêt à 8 fr. 35ᶜ 9 p. 100. Or nous le demandons à toute personne de bonne foi, est-il possible, dans l'état actuel des affaires en général, de placer son argent plus avantageusement sans courir le moindre risque de perte. On doit remarquer que les résultats que nous avons obtenus d'après la deuxième hypothèse, sont basés sur ce que la dépense première, pour la deuxième catégorie, sera moins forte de 1\|3, et que, d'un autre côté, les produits ne différeront que de 1\|6, ce qui permettrait d'espérer, nous ne disons pas de tous les chemins à une voie, mais du plus grand nombre, un revenu proportionnellement supérieur à celui des chemins à deux voies.

TROISIÈME HYPOTHÈSE.

Dans cette troisième hypothèse nous admettons les produits que nous avons reconnus devoir se réaliser pour chacune des deux premières catégories, et nous admettons en outre que toutes les lignes qui formeront la troisième catégorie produiront au moins 4 pour 100 d'intérêt, et le fonds nécessaire à l'amortissement des capitaux engagés, car rien ne pourrait justifier l'établissement d'un chemin de fer si l'on ne devait pas au moins en retirer ces avantages. S'il devait y avoir des exceptions, elles seraient très rares, et elles nous paraissent presque impossibles dans un pays comme la France, dont le sol est couvert de richesses agricoles, minérales et manufacturières, et dans lequel toutes les classes de la société ont le goût et le besoin des voyages. En admettant ces suppositions qui sont toutes plus que vraisemblables, nous aurons alors des résultats qui permettront d'augmenter les dividendes des deux premières catégories. Il résulterait d'après cette hypothèse que chaque catégorie de chemins servirait avec ses produits les intérêts des capitaux engagés, et formerait un fonds d'amortissement pour racheter toutes les actions de capital en quatre-vingt-dix-neuf ans.

Cette troisième catégorie se composerait des embranchements à une voie dont le dénombrement va suivre :

Pour l'embranchement de Lariolle à Privas.	20,000 m.
Pour id. de Lyon à Toulon par Grenoble. .	408,100
Pour id. de Draguignan à Nice.	85.000
Pour id. de Clermont à Montpellier. . .	265.000
Pour id. de Varenne à Roanne.	66 000
Pour id. de Ambert à Montbrison. . . .	28,000
Pour id. de Langone à Toulouse.	261,000
Pour id. de Tulle à Bergerac.	90,000
Pour id. de Tulle à Aurillac.	84,000
Pour id. de Cahors à Rodez.	90,000
Pour id. de Bayeux à Saint-Lô.	36,000
Pour id. de Rennes à Brest.	227,000
Pour id. de Rennes à Saint-Mâlo. . .	71,000
Pour id. de Pontiviers à l'Orient. . .	55,000
Pour id. de Ploërmel à Vannes.	33,000
Pour id. de Carhaix à Quimper.	58,000
Pour id. de Bordeaux à Bayonne. . . .	211,000
Pour id. de Cahors à Pau.	246,000
Pour id. de Toulouse à Foix.	77,000
Pour id. de Saint-Sulpice à Perpignan. . .	180,000

Total de ces divers embranchements. . . 2,591,100 m. qui, au prix de 100,000 fr. la lieue, à une voie, donnerait lieu à une dépense de 259,110,000 fr.

Il résulterait du système que nous proposons au gouvernement et aux chambres d'adopter, que l'État n'aurait dans aucun cas rien à dépenser ni à avancer pour faciliter l'exécution des chemins de fer en France, puisque dans la première hypothèse, la première catégorie des chemins de fer à elle seule produirait assez pour faire face aux intérêts et à l'amortissement du capital nécessaire (1,103,121,800 fr..) pour l'exécution du vaste réseau de chemins de fer qui sillonnerait toute la France, et qu'il reviendrait en outre aux actionnaires de cette première catégorie, dont la masse des actions s'élèverait à 628,731,800 fr., un dividende de 3 fr. 22ᶜ 71, ce qui porterait le produit total de leur argent à 7 fr. 22ᶜ 71.

D'après la deuxième hypothèse, les avantages du système que nous proposons seraient, qu'après avoir prélevé une somme nécessaire pour servir les intérêts et l'amortissement du capital (1,103,121,800 fr.), les actionnaires de la première catégorie auraient à prélever sur le dividende 5 fr. 17ᶜ 02, ce qui porterait l'intérêt de leurs capitaux à 9 fr. 17ᶜ 02, et que les porteurs d'actions de la deuxième catégorie, dont le total des actions s'élèverait à 215,280,000 fr., recevraient un dividende de 4 fr. 35ᶜ 9, ce qui porterait l'intérêt à 8 fr. 35 c. 9.

Nous avons dit que nous n'admettions pas qu'on dût construire des chemins de fer qui ne produiraient pas au moins 4 p. 100 d'intérêt, et 1 pour 100 pour l'amortissement du capital engagé; en conséquence, d'après notre troisième hypothèse, dans laquelle ressort une masse d'actions s'élèvant à 259,110,000 fr., il s'ensuivrait que les actionnaires des trois catégories recevraient, savoir :

Ceux de la première catégorie, 12 p. 100 d'intérêts.

Ceux de la deuxième catégorie, 10 p. 100   id.

Et ceux de la troisième catégorie, 4 p. 100   id.

et que par conséquent, comme il a été dit, le gouvernement, dans aucun cas, n'aurait rien à payer.

DIXIÈME PROPOSITION. — FIXATION DU NOMBRE D'ACTIONS DE CAPITAL PAR LA LOI. — FIXATION DES DEVIS ET RÉPARTITION AU MARC LE FRANC DES SUBVENTIONS DANS LE CAS OU IL EN SERAIT ACCORDÉ.

La loi doit considérer les concessionnaires ou premiers fondateurs de toute compagnie anonyme comme des spéculateurs qui cherchent à faire de gros bénéfices sans trop s'inquiéter si les moyens qu'ils mettront en pratique seront ou ne seront pas d'accord avec les principes d'équité, d'après les-

quels doivent être organisées les compagnies exécutantes des
grands travaux publics. On a déjà vu, dans les propositions qui
précèdent, quels sont en partie les moyens que les premiers
concessionnaires mettent en usage pour arriver à leur but;
plus loin nous complèterons ce tableau. Les garanties les plus
sûres que l'on puisse exiger d'eux consistent donc, à notre avis,
dans la fixation des devis des travaux qu'ils auront à faire exécuter. Ces devis seront dressés par l'ingénieur de la compagnie,
et vérifiés par le conseil général des Ponts-et-Chaussées. Ce
conseil pourra augmenter ou diminuer les sommes portées par
chaque nature de travaux selon qu'il le jugera convenable, et
ce sera d'après le chiffre des dépenses totales déterminées par
ce devis, que le gouvernement autorisera la création d'un
nombre d'actions de capital qui représentera cette somme, et
sans que la compagnie puisse en augmenter le nombre.

S'il arrivait que l'ingénieur de la compagnie, ainsi que le
conseil général des Ponts-et-Chaussées, se fussent trompés en
fixant le chiffre total des devis, et que, par suite de cette erreur,
il y eût impossibilité de la part de la Compagnie d'exécuter la
totalité des travaux nécessaires pour livrer le chemin de fer à la
circulation, conformément aux prescriptions de la loi qui l'aurait autorisé; dans ce cas, disons-nous, la Compagnie présenterait un devis complémentaire qui serait de nouveau examiné
par le conseil général des Ponts-et-Chaussées, et si ce conseil
l'approuvait, le gouvernement pourrait autoriser la compagnie
à créer un nombre d'actions de capital représentant le total de
ce devis complémentaire. Ce n'est qu'en exécutant rigoureusement cette mesure que le gouvernement parviendra sinon à
prévenir toutes les manœuvres frauduleuses des agioteurs qui
prennent presque toujours la direction des affaires des compagnies, et qui, par leurs ruses et leurs combinaisons astucieuses,
parviennent constamment à faire adopter leurs vues par les
administrateurs, dont les intentions sont généralement pures,
du moins à en diminuer le nombre ou à en atténuer les effets.

Pour atteindre plus sûrement ce but, dans le cas où le gou-

vernement accorderait des subventions, il faudrait encore
adopter une mesure non moins efficace qui consisterait à ne ré-
partir les subventions qu'au marc le franc du capital nécessaire
à l'exécution des travaux. Ainsi, par exemple, en supposant
que la ligne de Paris à la Belgique exigeât un capital de 80 millions, et que ce capital fût représenté par 80,000 actions,
chaque porteur d'actions ne serait tenu de payer, pour chacune d'elles, qu'une somme de 750 fr. Le quatrième quart qui
resterait à verser pour compléter les actions, le serait par
l'Etat : de cette manière la subvention profiterait réellement à
ceux qui fourniraient les fonds, puisque d'abord ils auraient
réellement une prime de 25 pour 100 qui ne pourrait plus être
détournée au profit des agioteurs, et qu'ensuite ils en touche-
raient le revenu comme s'ils avaient versé la totalité du capital.

ONZIÈME PROPOSITION. — SUR LA NÉCESSITÉ DE CONCÉDER DIRECTE-
MENT LES TRAVAUX PUBLICS AUX AUTEURS DES PROJETS.

La législation anglaise, qui nous offre tant d'exemples à suivre
pour tout ce qui se rapporte à l'industrie, a consacré le principe de la concession directe comme étant l'une des premières
garanties que l'État doit rechercher pour assurer la bonne exécution des travaux d'utilité publique. Non-seulement elle a consacré ce principe, mais il en est un autre bien plus général
qu'elle admet d'une manière absolue et dont les conséquences ne
sont pas moins importantes, pas moins justes et pas moins utiles
tant aux intérêts du pays qu'à ceux des auteurs des projets.

Ce principe consiste à reconnaître que toute personne, qui la
première a eu l'idée d'exécuter une voie de communication ou
un grand ouvrage suivant une direction qu'il suffit d'indiquer
sommairement en désignant les noms des villes, bourgs, villages,
vallées ou plaines qu'elle doit parcourir, et en faisant insérer ces
indications de tracé dans une feuille publique signée par l'auteur,
a acquis un droit de propriété aussi incontestable que si ce droit
était établi par une loi spéciale. Ce principe est si bien reconnu

que dans le cas, ce qui arrive assez souvent, où d'autres auteurs proposent des projets semblables et suivant les mêmes directions, ils ne peuvent faire prévaloir leurs idées et les modifications de tracé qu'ils présentent qu'après avoir acheté les droits du premier auteur. Voilà comment on entend et comment on respecte en Angleterre et aux États-Unis les idées et le droit des auteurs de projets.

Sans aller chercher des exemples en Angleterre, aux États-Unis ou ailleurs, n'en trouvons-nous pas dans notre législation spéciale sur les brevets d'invention? Comment pourrait-on refuser les mêmes garanties à un ingénieur qui passera vingt années de sa vie à étudier les sciences les plus abstraites, à se livrer aux travaux les plus pénibles sur le terrain et dans les ateliers, à avoir constamment son imagination en action pour concevoir des projets d'utilité publique, à rechercher tous les moyens possibles de vaincre les difficultés que présentera la nature à leur exécution, à parcourir, pour cet objet, les terrains souvent les plus arides, les plus malsains, les plus difficiles, à s'exposer ainsi à l'intempérie des saisons, à gagner les maladies les plus graves, à devancer par tant de pénibles travaux les infirmités de la vieillesse, et à vaincre les difficultés sans nombre et sans exemple que présentent notre législation et nos formes administratives à la réalisation de tout grand projet d'utilité publique; cela ne doit pas être, et cela est cependant. Puis, après une lutte qui souvent aura duré cinq, six, sept, huit et dix ans, et qu'il sera parvenu à présenter un beau projet dont l'utilité générale aura été bien constatée, le gouvernement s'en emparera, et, au lieu de proposer une mesure d'encouragement pour son auteur, il viendra le jeter à la tête de ces avides agioteurs, gens cupides qui s'emparent de tout ce qui est bon et productif pour en pressurer l'essence et en abandonner le marc à leurs victimes. Voilà cependant ce qui se fait en France. Pour dédommager l'auteur de ses peines, de son travail, de tout ce qu'il a souffert, on lui offre en dédommagement quelques milliers de francs, et on se donne encore des airs de générosité en prétendant faussement

que ses études sont moins étendues et moins détaillées que celles
faites par les ingénieurs de l'administration ; quoique cette
somme ne soit seulement pas suffisante pour lui tenir compte
des frais qu'il a faits pour lui et sa famille pendant le temps qu'il
a consacré à ses études (voir la fin de l'exposé des motifs du projet de loi du chemin de fer de Paris à Tours), et, à plus forte
raison, si l'on ajoute les frais de voyage, les frais d'employés de
toute espèce, de conducteurs, de piqueurs, de portes-mire, de
porte-chaînes, de dessinateurs, d'écrivains, les frais d'impres-
sions, de publication dans les journaux, de recherches statistiques et les intérêts de toutes ces dépenses. Tout cela s'élève à
des sommes considérables, et cependant presque toujours la
plus grande partie de ces frais est méconnue par le gouvernement.

Comme jusqu'à ce jour il n'y avait pas encore eu d'exemple
d'une expropriation de ce genre, et que je suis le premier qui
doive en subir les conséquences, je me vois forcément obligé de
parler de ce qui m'est personnel ; ainsi, pour la ligne de Paris à
Tours par Chartres (pour la partie de Versailles à Tours), le
gouvernement s'arroge le droit, contrairement à la loi de 1833
sur les expropriations pour cause d'utilité publique, de fixer
lui-même, sans avoir entendu le propriétaire, une indemnité
de 150,000 fr. que le concessionnaire aura à payer à l'auteur du
projet. Je ne veux pas entrer ici dans des détails qui seraient
trop fastidieux relativement aux dépenses de toute nature que
j'ai faites pour établir ce projet ; seulement je dirai que, depuis
sept ans consécutifs, je me suis occupé exclusivement de ce
grand ouvrage, et que mes dépenses, tant personnelles que pour
le loyer des bureaux, ne se sont pas élevées pendant ces sept
années à moins de 70,000 fr. Maintenant deux compagnies ont
offert de mes études l'une 420,000 fr. et l'autre 500,000 fr., et
elles me réservaient l'une le tiers, et l'autre le quart du produit
des dividendes. Cependant ces marchés n'ont pu être conclus
surtout avec celle des deux compagnies qui n'offrait que 420,000 f.
pour prix des études, que parce que cette somme était insuffi-

sante pour rembourser les prêts et avances qui m'ont été faits pour faire face aux dépenses de toute nature de cette affaire. Tout ceci est exact et incontestable, presque tous les membres de la chambre en ont eu connaissance par les personnes qui avaient fait les offres. M. le ministre des travaux publics et M. le directeur-général des Ponts-et-Chaussées ne peuvent pas prétexter cause d'ignorance, car eux-mêmes m'ont fait le reproche de ne les avoir pas acceptées. C'est que, sans doute alors, je ne le pouvais pas par suite des engagements que j'avais contractés, et parce qu'enfin les dépenses qui avaient été faites étaient plus considérables que la somme qu'on m'offrait.

L'histoire des études de la ligne de Paris à Tours et celle de l'indemnité qu'on accorde à son auteur décèle un vice dans notre législation, auquel il importe dans l'intérêt de la morale et dans les intérêts de l'industrie que le gouvernement et les chambres apportent un prompt remède. Si le gouvernement accordait la concession directe aux auteurs des projets sans exiger d'eux cette condition de cautionnement tout-à-fait inutile et illusoire pour la sécurité que cherche le gouvernement dans l'exécution des travaux publics, tous ces reproches et toutes ces iniquités auxquels l'administration prend une part si grande, à son insu, il est vrai, mais que des influences de banque, parlementaires, sociales et de journaux, lui imposent d'une manière impérieuse, ne seraient plus justifiées par les apparences. Ainsi nous avons la certitude que l'administration a la conscience d'avoir commis une injustice en fixant l'indemnité qui nous est allouée à 150,000 fr., car elle a la certitude qu'on nous en a offert 420,000 fr. ; mais l'homme qui a offert cette somme a exigé de l'administration qu'elle réduisît l'indemnité qu'elle m'accorde (bien qu'elle n'en ait pas le droit), à 150,000 fr., dans l'espoir que je deviendrais ce qu'on appelle plus traitable et moins exigeant, c'est-à-dire que je livrerais mes études et l'avenir qu'elles me permettaient d'espérer, ainsi qu'à mes associés, à la discrétion et à l'avidité de ceux qui les convoitent. Je plains dans toute la sincérité de mon ame l'administration : je le dis et je le proclame tout haut, je la crois probe, honnète, et incapable de tirer aucun avantage pécuniaire des mesures arbitraires qu'on la force à prendre vis-à-vis des auteurs de projets ; mais si l'administration n'est point assez forte pour résister à la puissance des agioteurs et des tripoteurs d'affaires, il faut que les Chambres viennent à son aide en adoptant une mesure législative qui la place hors de toute suspicion et de toute influence de banque. Cette mesure, nous le répétons, ne peut être efficace sous tous les rapports, qu'en faisant directement aux auteurs de projets les concessions de travaux publics, sauf à eux à s'arranger plus tard, s'il y a lieu, avec des banquiers ou bien avec de gros ou de petits capitalistes. Il faut enfin que la loi mette les auteurs de projets hors du cercle vicieux dans lequel l'administration les a renfermés. Ainsi l'administration dit aux auteurs de projets : vos études, bien qu'elles soient bonnes, ne me suffisent pas, il me faut encore un cautionnement, et ce cautionnement je le fixe à 1,000,000 fr., 1,500,000 fr., 2,000,000 fr., enfin comme je l'entends ; puis, elle accorde une subvention du quart, du cinquième, ou une garantie de 4 p. 100, selon son bon plaisir. A d'autres auteurs elle répond qu'il n'y a ni subvention, ni garantie d'intérêt. Au milieu de cet arbitraire, l'auteur d'un projet non favorisé s'adresse aux banquiers, qui seuls peuvent disposer de cautionnements aussi considérables que ceux qu'exige l'administration ; mais que répondent-ils, tous sans exception, à de semblables ouvertures ? Avez-vous une loi ? Non, dit l'auteur ; c'est pour l'obtenir qu'il me faut un cautionnement ? Alors, Monsieur, réplique le banquier, je ne puis déplacer mes capitaux pour une affaire qui a besoin d'une loi qui vous sera peut-être refusée ; car les Chambres peuvent bien ne pas approuver un projet qui leur est proposé par le gouvernement, et dans ce cas, comme mon nom serait mis en évidence, j'éprouverais un échec moral qui pourrait nuire aux affaires de ma maison : permettez-moi donc de vous refuser ce que vous me demandez. Quelques-uns d'entre eux veulent bien consentir à fournir ce cautionnement, mais ils demandent d'abord pour un cautionnement de 1,500,000 fr., une prime de 30,000 fr., dans le cas où la loi ne serait pas votée, et dans le cas où cette loi le serait une prime de 130,000 fr. ; ensuite la direction financière et administrative de l'affaire, le droit de former le conseil, et la vente exclusive des actions ; enfin ils réduisent tellement les droits du malheureux auteur et lui imposent des conditions si dures, qu'ils lui rendent impossible les remboursements des avances qui lui ont été faites d'ailleurs pour les frais de ses études. On se réserve en outre le droit d'en faire une espèce de jouet qu'on peut briser à chaque instant, et s'il se refuse de fonctionner comme l'entendent les banquiers, on le jette à la porte comme un valet. Ainsi, comme on le voit, le gouvernement demande à l'auteur du projet un cautionnement, et les hommes à cautionnement demandent à l'auteur du projet une loi pour lui fournir le cautionnement. Comment veut-on qu'un ingénieur puisse sortir d'un cercle si vicieux? c'est vouloir forcément que les affaires les mieux entendues, les mieux étudiées, et qu'on veut exécuter loyalement, soient renvoyées aux adjudications au rabais, afin qu'elles n'échappent pas à ces tripoteurs d'affaires qui n'offrent aucune garantie morale, qui se réunissent au nombre, quelquefois, de douze ou quinze pour former des compagnies simulées et fournir leur cautionnement, et qui savent à l'avance quelle sera la part que chacun d'eux retirera de ce marché et surtout des subventions. Voilà le résultat inévitable de toutes les concessions faites par voie d'adjudication. A quoi peut donc servir le cautionnement? se demandent les hommes de bien, car, disent-ils, si l'affaire est bonne l'auteur trouvera plus facilement les capitaux nécessaires à l'exécution de son projet, après le vote de la loi qu'avant, et si le projet est mauvais, ajoutent-ils, l'État ne doit pas insister pour qu'il soit exécuté, car dans ce cas il occasionerait la ruine des banquiers et celle des capitalistes; or, toute bonne administration doit prévenir de semblables calamités par des mesures sages, et non les provoquer. N'est-ce pas assez des garanties que vous offre l'auteur, et qui consistent dans ses frais d'études, dans une perte de sept à huit années de son temps, et, enfin dans la perspective d'un avenir de fortune honorable qui lui échappera s'il ne parvient pas à former sa compagnie. Tout cela n'offre-t-il pas plus de garanties réelles et morales à l'État que celles de la perte de la moitié d'un cautionnement fait par une quinzaine d'individus qui n'ont aucune réputation à perdre et dont chacun n'a de risques à courir que pour une somme de 50,000 fr.; il est certain que l'auteur d'un projet offre une garantie pécuniaire et morale incomparablement plus grande.

L'homme bien intentionné comprend avec peine que le gouvernement se montre aussi favorable à ce qu'on appelle les hommes à argent, eux qui ne veulent pas même avancer une pièce de cinq fran s pour faire les frais d'études de grands travaux. En effet, que l'administration soit franche et qu'elle nous dise si elle a connaissance qu'une seule entreprise de ce genre ait été commencée aux frais d'un banquier. Pour nous, nous avons la certitude que tous les projets de chemins de fer et de canaux ont été faits pour le compte de simples particuliers et, pour le plus grand nombre, pour le compte et aux frais des ingénieurs-auteurs de projets. D'où vient donc cette protection pour des hommes aussi égoïstes, et cette réprobation générale qu'on a pour les ingénieurs et les industriels auteurs de projets. Nous avouons que nous ne pouvons nous l'expliquer : il y a là des choses qui passent les bornes de notre intelligence et dont nous ne pourrions trouver la solution qu'en renonçant à la bonne opinion que nous avons de la moralité et de la probité de l'administration, ce qui est loin de notre pensée. Il faut donc qu'il y ait quelque cause secrète qui échappe à notre perspicacité et que nous laissons à d'autres plus habiles le soin de découvrir.

Nous pensons avoir suffisamment démontré tous les avantages qui résulteraient de la concession directe pour la morale et la bonne confection des chemins de fer, et nous ne doutons pas que le gouvernement et les chambres n'adoptent cette mesure, qui aura les plus heureux résultats pour le pays et l'industrie.

DOUZIÈME PROPOSITION.—LA VENTE DES ACTIONS D'UNE ENTREPRISE DE TRAVAUX PUBLICS NE DOIT PAS ÊTRE AUTORISÉE AVANT L'ORGANISATION DE LA COMPAGNIE, ET AVANT QUE LES STATUTS DE CETTE COMPAGNIE N'AIENT ÉTÉ APPROUVÉS PAR LE GOUVERNEMENT.

L'habitude que, depuis 1820, les agioteurs ont contractée de créer des actions pour des entreprises qui souvent n'existent que dans leur imagination, a donné lieu aux plus graves abus; principalement en Angleterre où des fripons éhontés ont imaginé d'exploiter des mines, d'ouvrir des canaux, d'établir des chemins de fer, de défricher des forèts, de dessécher des marais, toutes choses imaginaires, dans les pays les plus lointains, tels que l'Amérique du Sud, les Grandes-Indes, etc. Il en est résulté que des élèves en friponnerie, âgés de quatorze à quinze ans, sont parvenus à créer des compagnies fictives ayant pour objets des entreprises également fictives, et à exploiter la crédulité publique. Enfin, à l'aide de prospectus fallacieux, ils sont parvenus à recueillir un grand nombre d'actions et des sommes considérables.

En France, rien de pareil n'a encore eu lieu ; mais comme il y a commencement en toutes choses, et que déjà des hommes fort habiles ont donné un exemple qui deviendrait dangereux si, par la suite, il était suivi par des gens moins bien intentionnés qui pourraient surprendre la bonne foi et l'argent du public, il est bon que le gouvernement prenne promptement les mesures nécessaires pour prévenir de semblables abus. Pour bien faire comprendre notre pensée, nous allons citer comme exemple ce qui vient de se passer et ce qui se passe en ce moment sous nos yeux, en présence du gouvernement et à Paris même où sa vigilance et sa surveillance devraient être plus actives et plus grandes qu'ailleurs.

Les deux compagnies concessionnaires des chemins de fer spéciaux de Paris à Versailles avaient à peine obtenu leur concession par voie d'adjudication, depuis deux jours, qu'elles vendaient déjà les promesses d'actions de 500 fr. avec prime de 110, 120, 130 et 140 fr., et par conséquent avant que l'homologation de l'adjudication eût été accordée par le gouvernement ; et ce qui est plus grave, avant que les statuts de ces compagnies eussent été arrêtés et approuvés par le gouvernement. Qu'aurait-il pu arriver cependant si les deux concessions fussent tombées entre les mains de gens déterminés à employer tous les moyens pour gagner beaucoup d'argent, et qu'une circonstance heureuse comme celle de la fièvre de spéculation sur les chemins de fer, qui agite le public en ce moment se fût rencontrée ? c'est qu'ils auraient vendu toutes leurs actions avec prime de 300 fr. au moins, comme c'est très certainement l'intention des compagnies actuelles, avec cette différence que chacune d'elles, après avoir réalisé un bénéfice de 6 millions (on suppose que chacune de de ces compagnies créera pour 10,000,000 fr. d'actions), aurait pu renoncer à l'exécution du chemin de fer, et cette renonciation ne les aurait obligées, aux termes du cahier des charges, qu'à payer une somme de 110,000 fr. ; ce qui, comme on le voit, leur aurait permis en définitif de réaliser chacune d'honnêtes bénéfices s'élevant à 5,560,000 fr. On objectera peut-être que les porteurs d'actions auront la faculté d'attaquer les concessionnaires, et d'exiger d'eux le remboursement du prix qu'ils auront payé pour avoir leurs actions ; l'équité, sans doute, voudrait qu'il en fût ainsi ; mais un concessionnaire n'est jamais engagé que pour la valeur nominale des actions, et elles ne peuvent avoir pour lui d'autre effet que celui d'un billet à ordre ou d'une lettre-de-change qu'il a souscrite ; en conséquence, en remboursant les sommes qui auraient été versées à valoir sur le capital nominal des actions, personne ne pourrait lui faire le moindre reproche puisqu'il aurait rempli ses engagements dans toute leur teneur. Veut-on que nous précisions davantage les causes qui pourraient amener une semblable catastrophe ? nous allons le faire quoique à regret, puisque dans cette citation il sera encore question de nous ; mais comme il nous est impossible de choisir ailleurs un exemple plus juste et plus frappant, malgré notre répugnance, nous nous décidons à le développer.

Le public éclairé sait que l'entreprise du chemin de la rive gauche court le danger d'être funeste à ses actionnaires ; les préjugés des masses, l'opinion des hommes de bourse, le peu de bienveillance de certaines administrations, la malveillance qu'on a mise à isoler cette tête du corps de la grande ligne de Paris à Tours, auquel elle appartient naturellement, font que tout le monde croit à une déconfiture prochaine. Dans cette situation que les concessionnaires ont comprise, mais que maladroitement ils n'ont pas su améliorer, à cause de leur trop grande avidité, en tirant parti de leur position pour en éluder les funestes effets ; dans cette situation, disons-nous, ils avaient d'abord conçu le projet, bien entendu dans leur intérêt, de s'associer avec l'auteur du projet de Paris à Tours, pour la partie comprise entre Versailles et Tours, dont la concession directe lui avait été promise par le gouvernement. Si cette association se fût réalisée, on comprendra facilement que la valeur des actions du chemin de la rive gauche aurait doublé, puisque dans l'état actuel, lorsqu'il est prouvé que si cette tête de chemin ne se lie pas avec la ligne de Versailles à Tours, les actions, loin d'être productives, tomberont au-dessous de 50 pour 0|0, elles se vendent encore avec prime. D'un autre côté, si la fusion des deux compagnies avait eu lieu immédiatement après la concession des deux chemins spéciaux, cette tête de chemin recueillant les provenances de toutes les localités situées au-delà de Versailles, dont le produit s'élèverait à plus de 2,000,000 fr., la compagnie concessionnaire aurait vu doubler, comme nous l'avons dit, le prix de ses actions, et elle aurait pu recueillir 10 millions de bénéfices ; puis en sacrifiant la moitié de son cautionnement, qui est de 440,000 fr., plus une somme de 60,000 fr. qu'elle offrait à l'auteur de ce Mémoire, elle aurait en définitif encaissé 9,500,000 fr. : ensuite elle aurait pu laisser au gouvernement le soin de mettre de nouveau l'entreprise en adjudication. Les porteurs d'actions auraient attendu que les circonstances et le temps vinssent leur prouver si cette espèce de jeu leur avait été favorable ou non.

Voila à quoi peut conduire le système mis en pratique par les agioteurs de la bourse. Il faut donc que le gouvernement et les chambres interdisent d'une manière formelle, à toutes les compagnies, de vendre à la bourse et de faire coter dans les feuilles publiques des actions émises pour des entreprises dont les concessions n'auraient pas été homologuées par le gouvernement, ni les statuts autorisés par ordonnance royale. Ce n'est que par de semblables moyens qu'on parviendra à prévenir une foule de catastrophes que nous préparent les gens de bourse, principalement à l'occasion des chemins de fer qui vont s'exécuter.

RENSEIGNEMENTS

L'AFFAIRE DU CHEMIN DE FER DE PARIS A TOURS,

Qui prouvent que si un auteur n'est pas en même temps homme de bourse, il ne peut y avoir pour lui de concession directe.

Dans les diverses propositions qui précèdent on a pu voir quelles sont les nombreuses difficultés qu'éprouvent les ingé-nieurs civils et les industriels avant d'arriver à la réalisation de leurs projets. Pour compléter ce tableau et pour prouver enfin par des faits que ces difficultés ne sont point imaginaires, nous allons donner une partie de notre correspondance avec M. le ministre des travaux publics et M. le directeur-général des Ponts-et-Chaussées. Elle fera connaître mieux que nous ne pour-rions le faire par un exposé spécial toutes les entraves qu'on suscite aux malheureux auteurs de projets, et sans qu'on puisse nous taxer d'avoir, par notre récit, amplifié ou altéré les faits. Les chambres et le public apprécieront tout ce qu'il peut y avoir de bien et d'encourageant dans la conduite de l'administration pour les hommes qui s'occupent de travaux publics.

On verra également par quels moyens on est arrivé à refuser au soussigné la concession directe du chemin de fer de Paris à Tours ; concession qui a déjà été accordée sans cautionnements à plusieurs autres personnes, notamment aux auteurs du projet de canal latéral à la Garonne; du projet de canal latéral à la basse Loire; du projet de chemin de fer de Toulouse à Montauban; du projet de chemin de fer de Saint-Étienne à Andrezieux, etc.; et comment enfin il se fait que ses in-térêts, et plus particulièrement ceux du trésor public, ont été sacrifiés à la cupidité d'une compagnie qui convoite cette grande affaire. Aussi reconnaîtra-t-on que le proverbe si ancien du pot de terre et du pot de fer est plus que jamais de notre époque et que l'homme probe et à idées seulement ne saurait l'emporter sur les hommes à argent et de bourse qui aujourd'hui dominent l'opinion publique, les chambres et le gouvernement.

RÉCLAMATION DE M. A. CORRÉARD, AFIN D'OBTENIR UNE INDEMNITÉ POUR LES PROJETS QU'IL A FAITS SUR LA RIVE DROITE DE LA SEINE, ET DONT LE MONTANT SERAIT FIXÉ PAR LE CAHIER DES CHARGES QUI ACCOMPAGNE LA LOI DU 9 JUILLET DERNIER.

A M. le directeur-général des Ponts-et-Chaussées et à MM. les membres du conseil.

Monsieur le directeur-général et Messieurs les membres du conseil.

J'ai déjà eu l'honneur d'entretenir M. le directeur-général des Ponts-et-Chaussées de la réclamation que je vais vous soumettre, et de lui faire connaître quels avaient été les motifs et les circonstances qui m'avaient forcé de m'adresser, au mois de juin dernier, à la commission de la chambre des Députés chargée de l'examen du projet de loi sur le chemin de fer de Paris à Versailles. Cette commission a bien voulu me faire dire par l'organe de son président que ma réclamation lui paraissait fondée, mais que, comme il résultait de son rapport et de l'adhésion que le gouvernement lui avait donnée que cette affaire serait renvoyée à l'administration des Ponts-et-Chaussées, ce serait à M. le directeur-général et au conseil que je devrais m'adresser pour obtenir une indemnité : c'est aussi ce que j'ai fait, et M. le directeur-général a bien voulu me promettre de soumettre ma demande au conseil en m'assurant qu'elle serait examinée avec toute l'attention qu'elle mérite.

Avant de vous soumettre, Messieurs, les considérations sur lesquelles je me fonde pour demander une indemnité, il m'a paru convenable de vous tracer d'une manière rapide l'historique des divers projets de chemin de fer compris **entre Paris et Versailles.**

En 1830, la compagnie Cartier, Armand, etc., fit à l'administration des Ponts-et-Chaussées une demande en concession relative à un projet de chemin de fer de Paris à Orléans, passant par Versailles. Cette compagnie avait joint seulement à sa demande une indication de tracé faite d'après une carte de Cassini développée, mais sans aucun nivellement. A l'appui était un mémoire sommaire, indiquant le territoire des communes à travers lesquelles devait passer le chemin. C'est sur ce projet véritablement incomplet que des enquêtes ont été ouvertes à cette époque dans les divers départements traversés.

Le soussigné qui, en 1824, s'était vu contraint de chercher un refuge en Angleterre, pour se soustraire à des condamnations politiques, trouva dans ce pays l'occasion de faire une étude spéciale des chemins de fer; c'est alors qu'il conçut le projet d'en exécuter un entre Paris et Tours par Chartres, cette ligne lui ayant paru, comme elle lui paraît encore, l'une des plus avantageuses de toutes celles qui viendront aboutir à Paris. Après la révolution de 1830, les motifs qui l'avaient empêché de donner suite à ses projets ayant cessé d'exister, il se mit sur-le-champ à l'œuvre, et, pendant les années 1831 et 1832, il a employé son temps et celui de plusieurs employés à dresser les plans des environs de Paris depuis Neuilly jusqu'à Sceaux et de Paris jusqu'à Trappes. Trois copies de ce plan, levé à l'échelle de 1 à 20,000, furent faites, et sur cet ensemble de pays il a déterminé géométriquement la hauteur au-dessus du niveau de la mer de près de 8,000 points, ce qui lui a permis ensuite de dresser tous les projets de chemins de fer praticables entre Paris et Versailles.

En 1832, ses idées étant complètement arrêtées, il s'est occupé de dresser définitivement des plans spéciaux contenant un tracé principal avec diverses variantes et plusieurs embranchements. Ce tracé partait de la cale de la rue des Poulies près le Louvre, suivait les quais parallèlement, franchissait la Seine sur l'emplacement de l'ancien pont de Sèvres, s'élevait par une pente de 7 mil. 1|2 en suivant le côteau de la vallée de Sèvres, Châville, et arrivait à Versailles, sur la place d'Armes, après avoir parcouru l'avenue de Paris. Ou bien encore, étant arrivée à Viroflay, le tracé pouvait entrer dans la petite vallée de Porchée-Fontaine, et de là se porter par un seul alignement sur la place d'Armes, près de l'hôtel de la Chancellerie. Le principal embranchement prenait naissance au pont de Grenelle et se dirigeait par Auteuil et Boulogne sur le pont de Saint-Cloud. A partir de la porte d'Auteuil, un autre embranchement prenait naissance et formait la ceinture du bois de Boulogne. Cet embranchement a mis le soussigné dans le cas de déterminer un nombre considérable de points sur toute la surface du bois de Boulogne et de la plaine de Passy, ce qui a rendu les études de M. Sarazet au nom de M. Richard d'autant plus faciles. Cette partie du projet n'avait d'autre but que d'offrir une promenade aux Parisiens. Un troisième embranchement prenait naissance au bas de Viroflay, se dirigeait par le Grand-Montreuil, entrait dans Versailles par le boulevard la Reine et s'arrêtait à la rue des Réservoirs. Cet embranchement n'avait été étudié et présenté que pour satisfaire aux exigences des habitants du quartier Notre-Dame de Versailles. On remarquera facilement que M. l'ingénieur de l'administration l'a complètement adopté pour son premier tracé qui s'arrêtait alors à la rue Duplessis. Divers ingénieurs, et le soussigné était de ce nombre, avaient pensé qu'en partant des Champs-Elysées, il était possible de suivre parallèlement le Cours-la-Reine en s'établissant à la surface du sol ; alors, en suivant le prolongement de cette promenade, on traversait la colline de Chaillot par un souterrain de 800 m., et le chemin se prolongeait, toujours suivant une droite, jusqu'à la Muette. De ce point il se dirigeait sur la porte des Princes, et de là venait se rattacher au premier tracé sur Billancourt. Indépendamment de ces divers tracés, le soussigné ayant appris que M. Sarazet, et plus tard l'ingénieur de l'administration s'occupaient d'un tracé par Saint-Cloud, il a voulu se bien convaincre par de nouvelles études que s'il n'était pas impossible de construire un chemin à travers le parc et la ville de Saint-Cloud, cela jetait du moins dans des constructions de souterrains, de tranchées et de murs de soutenement si considérables que l'opération, financièrement parlant, devenait très-hasardeuse ; que, dans tous les cas, ce tracé aurait l'inconvénient ou d'avoir des pentes trop fortes (8 mil. 1\2 et 9 mil. par mètre) ou bien de 5 mil. par mètre seulement, mais avec l'inconvénient d'un développement qui allongerait le parcours de Paris à Versailles d'un tiers. Enfin toutes ces opérations obligèrent le soussigné à dresser les plans suivants, savoir : 1° trois plans d'ensemble, compris entre Paris et Trappes, levés à l'échelle de 1 à 20,000 ;

2° Deux grands plans parcellaires depuis le Pont-Neuf jusqu'à l'extrémité du parc de réserve du Roi à Versailles, levés à l'échelle de 1 à 1,250 ;

3° Un plan parcellaire depuis le pont de Grenelle jusqu'à Saint-Cloud à l'échelle de 1 à 1,250 ;

4° Le plan parcellaire du bois de Boulogne et d'une partie de Neuilly, à l'échelle de 1 à 2,500 ;

5° Un grand plan comprenant le pont et le viaduc à construire à Sèvres et dans la plaine de Billancourt ;

6° Un grand plan comprenant les établissements que la compagnie se proposait de construire à Versailles ;

7° Un grand plan des abords de la barrière de Passy et des galeries souterraines à construire dans Paris :

8° Un autre plan comprenant la place de la Concorde et ses abords, et les magasins à construire souterrainement dans les fossés de cette place ;

9° Un grand plan comprenant les Tuileries, le Louvre, les quais et la Seine, et l'ensemble d'un port à construire sur le fleuve, entre le port Saint-Nicolas et la rue des Poulies, et en outre des magasins à construire souterrainement sur toute la surface de la place du Louvre ;

10° Un plan comprenant un tracé qui aurait eu pour but

d'établir le chemin de fer en tranchées, depuis le Pont-Royal jusqu'à la barrière de Passy, et qui aurait été bordé à droite et à gauche de murs de soutenement.

Des ponts auraient été construits sur les axes de toutes les voies de communication que le chemin aurait traversées. L'un des murs de soutenement qui borde toute la partie des Champs-Élysées aurait servi de soubassement pour supporter la grille qu'on doit construire autour de cette promenade.

11° Des plans ont été dressés pour exprimer les nivellements en long et en travers de tous ces projets.

Toutes ces pièces, Messieurs, vous ont été soumises, vous avez pu en apprécier le mérite d'après vos propres lumières, et d'après le rapport que votre commission en aurait fait, il paraîtrait même que vous en avez été fort satisfaits.

Le 20 janvier 1834, tous ces plans ont été déposés à la direction générale des Pont-et-Chaussées; pendant 15 mois, ils ont subi la formalité des enquêtes, le public et les auteurs des divers projets qui depuis ont été présentés à l'administration, ont eu tout le temps et le loisir d'en prendre communication.

Au mois de novembre 1834, M. Richard présenta à l'administration des Ponts-et-Chaussées un projet de chemin de fer entre Paris et Versailles, dont les études avaient été faites par M. Sarazet, partant de la place de la Concorde, suivant le cours la Reine, traversant Chaillot souterrainement, le bois de Boulogne, et venant passer la Seine près de Puteaux (comme on voit, toute cette partie est empruntée à nos projets). Il passait ensuite par Saint-Cloud, Ville-d'Avray, la vallée de Fausse-Repose, la butte de Picardie; entrait dans Versailles par l'avenue de Saint-Cloud, et arrivait à la place d'Armes.

Au mois de mars ou d'avril 1835, M. l'ingénieur Surville présenta un projet partant du pont de l'allée d'Antin. Il traversait Chaillot souterrainement, passait par la Muette, Boulogne, et venait franchir la Seine un peu en aval du pont de Sèvres, suivait le côteau à droite de la vallée de Sèvres jusqu'au bas Viroflay; de là, il se dirigeait par le Grand-Montreuil, et venait aboutir à la porte Saint-Antoine en laissant la ville de **Versailles** à gauche. Ce projet, qui avait été soumis aux enquêtes en a été retiré avant l'expiration du délai fixé.

Vers le mois de mai 1835, les projets de MM. Corréard, Richard et des compagnies de Saint-Germain, furent mis à la disposition de l'ingénieur de l'administration, qui reçut l'ordre de l'autorité d'étudier un tracé suivant les indications qui lui avaient été fournies par le conseil-général des Ponts-et-Chaussées : le projet de cet ingénieur a reçu dans les premiers jours du mois de septembre suivant l'approbation du conseil-général, et le conseil a décidé qu'une somme de 30,000 fr. serait accordée à M. Richard pour l'indemniser de la partie de son projet, comprise entre Puteaux et le mur du parc de Saint-Cloud, dont le développement est de 6,000 m., et les pentes de 8 à 9 mil. par mètre.

Au mois de juin 1835, M. Weber présenta un projet de chemin de fer de Paris à Versailles, à Saint-Germain, à Poissy et à Saint-Cloud ; ce projet partait, à cette époque, du rond-point des Champs-Elysées, et se dirigeait sur la droite de Puteaux ; de là, il s'élevait sur Versailles par les côteaux de Ruelle, Bougival, La Selle, traversait le côteau de Rocancourt souterrainement, et s'arrêtait à la porte Saint-Antoine de Versailles. Ce projet n'a pas été admis par le conseil-général des Ponts-et-Chaussées, et par ce motif, n'a pas subi la formalité des enquêtes.

C'est vers le mois de février qu'un ingénieur a commencé à faire, aux frais du gouvernement, les études d'un projet de chemin de fer de Paris à Orléans et à Tours par Versailles, partant de la barrière de la Cunette, passant par Bellevue, Châville, Viroflay, la porte de Buc, le plateau de Satory, Trappes, Saint-Hubert, etc. Ce projet avait deux plans inclinés et des pentes de 8 mill. par mètre ; il a été définitivement rejeté pour la partie comprise entre Paris et Orléans par le conseil-général des Ponts-et-Chaussées en avril ou mai 1835.

A l'époque où ce projet était soumis à l'examen d'une commission, MM. Seguin frères présentèrent un projet qui ne put, sous aucun rapport, satisfaire le conseil-général ; la même commission, qui avait été chargée de l'examen du projet de l'ingénieur du gouvernement, dut faire un rapport sur celui de MM. Seguin, et elle reconnut qu'il y avait des erreurs graves qui s'étaient glissées dans leur projet, et que ce n'était qu'une copie peu exacte du projet de l'ingénieur du gouvernement. Les deux ingénieurs mis en présence le reconnurent, et, par ces motifs, le projet de MM. Seguin fut rejeté.

L'ingénieur du gouvernement a plus tard modifié son tracé entre Paris et Versailles; il supprimait les plans inclinés et s'élevait de la plaine de Grenelle à Versailles par une pente uniforme de 8 mill. par mètre. Ce projet, ayant été soumis à l'approbation des conseils municipaux de Paris et de Versailles, a été repoussé par eux.

Le 30 septembre 1835, M. Corréard a présenté à l'administration des Ponts-et-Chaussées un nouveau tracé partant de la Croix-Rouge; il sortait de Paris par la barrière du Maine, se dirigeait sur Vanvres, passait par le Val de Fleury, Bellevue, le côteau de Sèvres, Doisu, entre le haut et le bas Châville; il suivait ensuite l'avenue de Paris; traversait la place d'Armes de Versailles et sortait de cette ville par la porte de l'Orangerie; il passait ensuite entre l'orangerie et la pièce des Suisses, ou bien suivait la pièce des Suisses et venait tourner cette pièce d'eau à son extrémité sud. De là il suivait le côteau des bois de Satory, traversait par un petit souterrain de 600 m. le plateau de ce nom, entrait dans la vallée de la Bièvre et la remontait jusqu'à Trappes. Il est à remarquer que depuis Paris jusqu'à Trappes le chemin se compose d'une seule pente uniforme de 4 mil. par mètre, ce qui offrira l'avantage de faire huit lieues depuis Trappes jusqu'à Paris, sans qu'il en coûte un centime de frais de locomotion. Ce projet a été admis par le conseil-général des Ponts-et-Chaussées le 6 octobre 1836. Il a été également approuvé par le conseil municipal et le tribunal de commerce de Versailles.

Enfin l'ingénieur de la compagnie Guillaume et Seguin a fait de nouvelles études sur la rive gauche de la Seine; ce tracé avait des pentes de 5 ou de 6 mil. à volonté; il partait de la barrière des Fourneaux, passait par Vanvres, Bellevue, le côteau de Sèvres, Doisu; venait passer derrière le haut Châville, gagnait ensuite Viroflay pour de là entrer dans Versailles par l'avenue de Paris et s'arrêter à la place d'Armes. Ce projet a été repoussé dans le courant de mai 1836 par le conseil-général des Ponts-et-Chaussées, et par les motifs qu'il était à peu près identique avec le second projet de M. Corréard, partant de la Croix-Rouge, qui avait d'abord l'avantage de la priorité, et ensuite parce que le projet de la compagnie Guillaume et Seguin avait des pentes de 6 ou de 5 mil., tandis que celui de M. Corréard n'en avait que de 4 mil., et que ce dernier faisait d'ailleurs partie d'une grande ligne de Paris à Tours par Chartres qui avait été soumise aux enquêtes, et que ces enquêtes lui avaient été partout favorables; que les populations et les autorités locales ainsi qu'une compagnie sollicitaient du gouvernement une loi pour en autoriser l'exécution, et que, par tous ces motifs, cette grande ligne devait avoir la préférence sur le nouveau projet présenté par MM. Guillaume et Seguin (ces compagnies se sont réunies depuis), qui n'était qu'un très faible accessoire de la grande ligne, et que même si l'on devait exécuter un chemin spécial entre Paris et Versailles, partant de la rive gauche de la Seine, on devait donner la préférence au projet de M. Corréard.

Depuis le concours ouvert par la loi du 9 juillet dernier, le soussigné a encore présenté sept nouveaux projets partant tous de la rive gauche de la Seine, appuyés d'un grand plan levé à l'échelle de 1 à 10,000, et s'étendant de Paris à Trappes; de trois grands plans parcellaires des abords de Paris; d'un grand plan des établissements de la Compagnie avec série d'arcades, et d'un plan du viaduc à construire sur le Val de Fleury : le tout accompagné de nivellements en long et en travers pour chaque projet.

M. le directeur-général et Messieurs, j'ai cru qu'il était nécessaire de faire précéder ma réclamation de l'historique des divers projets de chemins de fer compris entre Paris et Versailles, afin de vous mettre à même de bien apprécier quels peuvent être les droits de chacun des auteurs de ces projets; quels sont ceux qui,

par leurs études, ont pu léser les droits des autres, et alors vous
verrez s'il ne serait pas juste d'accorder une indemnité même
spéciale, à celui qui a élaboré la matière nécessaire à cette grande
discussion publique, et dont les travaux ont servi de base non-
seulement aux auteurs des divers projets, qui depuis ont été soumis
à l'approbation du gouvernement, mais qui ont mis encore tout
le monde à mên e de bien distinguer les bonnes des mauvaises
lignes, ce qui a dû naturellement rendre le travail des ingénieurs
qui sont venus après le soussigné plus facile, en leur donnant les
moyens d'éviter les écueils dans lesquels le premier auteur aurait
pu tomber. Ces ingénieurs ont dû naturellement trouver leur
tâche beaucoup moins lourde, et cependant on accorde à l'un
d'eux (M. Richard), par le projet de loi du chemin de Versailles
qui est soumis à votre examen, une somme de 30,000 fr. à titre
d'indemnité, et cela pour lui avoir emprunté la partie de son
tracé comprise entre Puteaux et le parc de Saint-Cloud sur une
longueur de 6,000 m., et dont les pentes étaient de 8 et de 9 mil.
par mètre. Or, Monsieur le directeur-général et Messieurs, si pour
cette partie on a jugé qu'il fût juste, et je ne le conteste pas,
d'accorder une somme de 30,000 fr. à M. Richard, j'ose espérer que le conseil ne trouvera pas moins juste de m'accorder à
ce même titre une indemnité proportionnelle, c'est-à-dire
de 45,000 fr., pour la partie de mon tracé comprise entre Versailles et Sèvres qui a été emprunté par l'ingénieur du gouvernement, dont le tracé et le mien ne sont éloignés que de la largeur de la route royale ou de 30, 40, 50 et 100 m. au plus; enfin
mon tracé borde la route royale à gauche, et le tracé de l'ingénieur de l'administration borde la même route à droite. Le développement de cette partie est de 6,500 m. De plus, le même ingénieur s'est vu également contraint par la nature du terrain à
suivre exactement mon tracé de l'embranchement partant du bas
Viroflay, se dirigeant sur le Grand-Montreuil, entrant dans le
quartier Notre-Dame par le boulevard la Reine, et s'arrètant à la
rue Duplessis sur une longueur de 2,600 m., ce qui fait 9,100 m.

Il vous sera facile, Monsieur le directeur-général et Messieurs les membres du conseil, d'acquérir la preuve matérielle de l'exactitude de ma réclamation en jetant les yeux sur les plans que je tiens à votre disposition et dont une partie se trouve déposée dans les bureaux de l'administration, et vous pourrez vérifier l'exactitude des faits que je viens d'alléguer en les comparant aux divers tracés qui ont été faits sur les trois copies de mes plans d'ensemble qui tous les trois sont dans vos bureaux.

Si l'équité ne permettait pas de reconnaître que ma réclamation est fondée, la raison qui veut qu'on encourage en général les arts et l'industrie s'oppose à ce qu'on les dégoûte par des mesures vexatoires qui auraient pour but d'accorder aux uns ce qu'on refuserait aux autres; vous êtes trop justes, Monsieur le directeur-général et Messieurs, pour que je ne me repose pas entièrement sur votre impartialité pour faire droit à ma réclamation; mais veuillez bien, Monsieur le directeur-général et Messieurs, ne pas perdre de vue que cette indemnité ne serait point onéreuse pour le trésor public dont vous êtes les défenseurs naturels, puisqu'elle serait acquittée par la compagnie concessionnaire du projet de la rive droite; compagnie qui n'a pas eu, jusqu'à ce jour, à dépenser pour frais d'études la moindre somme, puisque enfin elle n'a fait exécuter ni plans, ni nivellement, et qu'elle s'estimera trop heureuse d'adopter ceux que l'administration voudra bien lui donner. Vous remarquerez également que c'est moi qui ai donné l'exemple aux auteurs de projets; qui ai fait les études les plus complètes, et j'oserai même dire les plus conformes aux principes et aux règles de l'art. Vous n'oublierez pas non plus que ces études m'ont coûté six des plus précieuses années de ma vie et qu'il est peu d'hommes qui mettent une persévérance aussi grande que celle que j'ai mise pour arriver à l'accomplissement de mes projets. Enfin, j'ajouterai comme dernière considération que ces projets sont non seulement mon œuvre, mais encore celle de beaucoup d'employés, et que pour cette raison, les dépenses considérables qu'il a fallu faire se sont déjà élevées, tant pour la partie comprise dans les environs de Paris que pour les études de Paris à Tours, à une somme de 150.000 fr.

J'ai l'honneur d'être, Monsieur le directeur-général et Messieurs les membres du conseil,

Votre très humble et très obéissant serviteur,
A. Corréard.

Paris, 9 mars 1837.

Nota. Malgré l'importance de cette réclamation elle est restée sans réponse.

M. Al. Corréard demande 1° qu'on lui fasse connaître le montant du cautionnement pour la ligne entière de Paris à Tours ; 2° qu'une loi soit présentée aux chambres pour que la concession directe de ce chemin lui soit accordée ; 3° que le gouvernement garantisse un intérêt de 4 pour 100 aux capitaux engagés ; 4° une audience de M. le ministre.

A Monsieur le ministre secrétaire d'État au département des travaux publics, de l'agriculture et du commerce.

Monsieur le ministre,

Les membres d'une députation composée de pairs de France, de députés, ainsi que des maires et des commissaires spéciaux des Xe, XIe et XIIe arrondissements de la ville de Paris, vous ont entretenu, ces jours derniers, dans l'intérêt des populations qu'ils représentent, du chemin de fer de Paris à Tours passant par Versailles, Rambouillet, Chartres, etc. ; vous ne pouvez donc plus ignorer quels sont les besoins des contrées que doit desservir cette ligne, et quels sont les motifs sur lesquels se fondent les habitants de ces contrées pour vous en demander la prompte exécution. Ces motifs sont d'autant plus grands que l'agriculture et l'industrie farinière, sur toute la ligne comprise depuis Rambouillet jusqu'à Vernou, près Tours, se trouvent menacées d'une destruction complète par la création prochaine des chemins de fer de Paris à Orléans, de Paris à Lyon, passant par la Brie, et de Paris à Lille, passant par Amiens. Vous n'ignorez pas, M. le ministre, que la ville de Paris est approvisionnée en farine par la Beauce, la Brie et la Picardie ; que chacune de ces trois provinces fournit 45,000 t., et que si les deux dernières, qui sont déjà beaucoup mieux partagées sous le rapport des routes royales et départementales, dont la plus grande partie est pavée, ainsi que sous celui des voies navigables naturelles et artificielles qui les sillonnent dans tous les sens et qui leur permettent de transporter leur farine sur Paris à des prix bien inférieurs à ceux qu'on paie pour transporter celles de la Beauce, obtiennent encore l'immense avantage de la priorité pour la création de chemins de fer, la Beauce sera tout-à-fait dans l'impossibilité de soutenir cette concurrence ; de là résultera une ruine complète pour ce pays, dont les routes sont bien inférieures à celles des deux autres provinces, et qui se trouve en outre complètement dépourvu de voies navigables naturelles ou artificielles.

J'ai pensé, M. le ministre, qu'il me suffirait de vous faire connaître cette situation pour que vous y portiez le remède qu'exigent les intérêts de cinq départements, dont la population est de plus de 2,320,000 habitants, et qui, par une singularité produite par le hasard, n'a rien à espérer des grands travaux que le gouvernement se propose de faire exécuter sur tous les points de la France. Ne serait-il pas juste alors, M. le ministre, que, par compensation et d'après les véritables principes d'économie politique et les règles de l'équité, vous permissiez l'exécution de la ligne entière du chemin de fer de Paris à Tours, en même temps que vous allez permettre l'exécution des lignes de Paris à Orléans, de Paris à Lille, et de Paris à Rouen et au Havre? M. le directeur-général a dû vous faire connaître que, depuis plusieurs années, je sollicite l'exécution de cette ligne dont j'ai fait toutes les études et auxquelles j'ai sacrifié six années de mon temps et une somme de plus de 200,000 francs. Je crois, M. le ministre, que, parmi les solliciteurs de lignes de chemins de fer, vous en trouverez peu qui réunissent autant de titres que moi pour obtenir de la justice du gouvernement la concession de cette ligne; s'il restait dans votre esprit quelques doutes à cet égard, je vous prierais de vouloir bien prendre quelques informations à ce sujet auprès de M. le général Bernard, ministre de la guerre, de M. Vatout, membre de la chambre des députés, de M. le comte de Montalivet, de M. Trognon, gouverneur de S. A. R. M. le prince de Joinville, et enfin auprès de tous les députés et pairs de France qui ont bien voulu me seconder de leurs efforts, en venant en personne auprès de vos prédécesseurs, comme ils sont venus auprès de vous, pour solliciter l'exécution de cette ligne.

Aujourd'hui, M. le ministre, que les études sont entièrement terminées, que l'instruction administrative est complète, et qu'enfin le conseil-général des Ponts-et-Chaussées les a approuvées par sa délibération du 6 décembre dernier, pour la partie comprise entre Versailles et Tours, et par sa délibération du 11 courant, pour la partie comprise entre Paris et Versailles, et que, par conséquent, toutes les conditions que votre prédécesseur, ainsi que M. le directeur-général des Ponts-et-Chaussées, avaient mises à la présentation de la loi aux Chambres pour en autoriser l'exécution sont accomplies; j'ose espérer, M. le ministre, que votre justice ne se refusera pas à accomplir la promesse qui a été faite à la tribune des deux Chambres. Permettez-moi donc encore, M. le ministre, de vous adresser plusieurs demandes pour vous mettre à même de bien apprécier ma bonne volonté d'exécuter cette grande ligne, et en même temps pour me donner les moyens d'accomplir les obligations que m'imposent les lois et les réglements de l'administration. Je vous demanderai également, M. le ministre, de vouloir bien m'accorder les moyens de répondre à la nouvelle situation qu'a faite à l'industrie le gouvernement du roi en demandant, avec beaucoup de raison, une somme de 600,000,000 fr. pour exécuter les grands travaux publics dont la France a un pressant besoin, et pour venir au secours ou à l'aide des compagnies qui se proposent de les exécuter par voie de concession.

1° Je vous prierai de me faire connaître le plus promptement possible quel sera le chiffre du cautionnement qu'aura à fournir ma compagnie pour que je puisse obtenir la concession directe de la ligne entière de Paris à Tours, et sans avoir égard à l'exécution des deux chemins de fer spéciaux de Paris à Versailles, étant bien convaincu que le gouvernement ne voudra que ce qui est dans l'intérêt général du pays, et par conséquent qu'il accordera la ligne entière comme en est d'avis le conseil-général des Ponts-et-Chaussées qui pense que la concession du chemin spécial de Paris à Versailles, partant de la rive gauche de la Seine, fait à une compagnie différente de celle qui sollicite la concession de la grande ligne de Paris à Tours, empêchera cette dernière de se charger de l'exécution de la partie comprise entre Versailles et Tours, si elle n'obtient en même temps la partie comprise entre Paris et Versailles. En conséquence, M. le ministre, je demande que vous veuillez bien présenter aux Chambres, le plus promptement possible, un projet de loi qui m'autorise à exécuter par voie de concession directe la ligne entière de Paris à Tours passant par Versailles, Rambouillet, Chartres, conformément aux projets que j'en ai présentés à l'administration, et qui ont été approuvés par le conseil-général des Ponts-et-Chaussée; déclarant en outre que je renonce à m'opposer à l'exécution des chemins de fer spéciaux de Paris à Versailles, en tel nombre qu'il plaira au gouvernement d'en autoriser l'exécution.

2° Je demande que le gouvernement veuille bien accorder à ma compagnie une garantie d'intérêt de 4 pour 100 pour les capitaux engagés dans cette entreprise, me portant fort de démontrer à l'administration supérieure que l'Etat n'aura aucun risque à courir à ce sujet, puisque les produits probables établis sur des recherches statistiques extraites de documents officiels ou produits par des autorités locales, ne laissent aucun doute à cet égard. Je sais, M. le ministre, que l'on pourra m'objecter comment il se fait que, si ce chemin présente des avantages aussi incontestables, nous ayons besoin que le gouvernement intervienne

pour en assurer l'exécution ; je répondrai qu'à tort ou à raison
ou a répandu le bruit, parmi les capitalistes, que l'Etat interviendrait dans l'exécution des chemins de fer, et notamment
dans ceux de Paris à Orléans, de Paris à Lille, et de Paris à
Rouen, et que, dans cette situation, il serait impossible à la
compagnie qui se propose d'exécuter la ligne de Paris à Tours,
d'obtenir des capitalistes un centime si le gouvernement ne nous
accordait pas la même faveur qu'aux lignes précitées. Par tous
ces motifs je demande, M. le ministre, que vous ayez la bonté
de me faire connaître le plus tôt possible quelle sera la décision
que prendra le gouvernement à ce sujet ; et enfin, quel que soit
le parti qu'il prenne, soit qu'il accorde une garantie d'intérêt ou
une somme une fois donnée, j'ose espérer que vous voudrez
bien, M. le ministre, me faire obtenir le maximum de l'espèce
d'encouragement que le gouvernement jugera convenable d'accorder aux compagnies les plus favorisées.

J'ai pensé, M. le ministre, que dans des circonstances telles
que celles où se trouvent l'industrie, et en particulier ma
compagnie, qui attendent depuis plusieurs années la solution de
cette affaire, il était opportun de poser d'une manière claire et
précise les questions que j'ai l'honneur de vous adresser. Une
réponse également précise nous est indispensable, et j'ose espérer que vous ne me la refuserez pas quand vous saurez que je
me trouve dans l'impossibilité d'organiser ma compagnie d'une
manière définitive, faute de connaître le chiffre de notre cautionnement, et d'avoir la certitude qu'une loi sera présentée aux
Chambres pendant cette session ; que déjà à deux fois différentes
je me suis trouvé forcé de faire des sacrifices énormes et en pure
perte pour rompre des engagements pris pour deux cautionnements. J'ai lieu de croire, M. le ministre, qu'aujourd'hui que
l'affaire est entièrement terminée sous le rapport de l'instruction administrative, vous m'éviterez le désagrément d'une négo-
ciation inutile et une perte inévitable qui ne ferait qu'aggraver
ma position sans avancer la solution de cette affaire.

Je terminerai, M. le ministre, par avoir l'honneur de vous

prier de m'accorder une audience qui me mettra à même de **vous** donner sur cette affaire tous les renseignements et toutes les explications que vous pourriez désirer.

J'ai l'honneur, etc.

Paris, le 23 mars 1837.

———

A M. le conseiller d'État, directeur-général des Ponts-et-Chaussées et des Mines.

M. le directeur-général,

Le 10 de ce mois j'ai eu l'honneur de vous adresser une demande pour obtenir la fixation du chiffre du cautionnement que j'aurai à fournir avant la présentation de la loi aux Chambres sur le chemin de fer de Paris à Tours. Depuis cette époque, j'ai eu occasion de vous entretenir de cette affaire, et vous m'avez promis que dans quelques jours vous me feriez connaître votre détermination à ce sujet : néanmoins nous voilà déjà arrivés au 23 de ce mois et je n'ai point encore reçu votre réponse. Le temps, comme vous le savez, s'écoule rapidement, nous marchons vers la fin de la session des Chambres; des lois nombreuses leur sont présentées, et j'ai fortement à craindre que plus tard on ne m'objecte que, par suite de toutes ces considérations, il soit impossible de présenter, pendant cette session, la loi que je sollicite. MM. les Pairs de France et MM. les Députés qui ont eu l'honneur d'entretenir M. le ministre des travaux publics ainsi que vous, M. le directeur-général, ont dû vous faire connaître combien de plus longs retards seraient funestes aux départements qu'ils représentent, et quel serait le fâcheux effet que cela produirait sur l'esprit public des cinq départements que doit desservir cette ligne. Il me suffira de vous rappeler tous ces puissants motifs pour que vous ayez la bonté de ne pas différer plus long-temps à faire droit à ma juste réclamation.

J'ai l'honneur en même temps de vous prévenir que je viens

d'écrire à M. le ministre des travaux publics dans le même sens, afin que de son côté il puisse prendre les mesures qu'il jugera convenables et justes, afin d'accélérer la marche de cette affaire. Comme cette lettre vous sera évidemment renvoyée, j'ai pensé qu'il était inutile d'en reproduire le contenu dans celle-ci. Bien que ma lettre au ministre ne contienne que des demandes que j'avais l'intention de vous adresser, je me suis vu amené, par suite des objections qu'il a faites à MM. les Pairs et à MM. les Députés, sur l'existence d'une compagnie et sur ses moyens d'exécution, etc., de prendre le parti de m'adresser directement à lui, afin qu'il ne pût ignorer que nous avons été plusieurs fois en mesure, que nous le sommes encore en ce moment, mais que nous ne pouvons rien conclure de définitif tant qu'il ne m'aura pas répondu d'une manière claire et précise aux questions que j'ai eu l'honneur de lui adresser. Ayez donc la bonté, Monsieur le directeur-général, en ce qui vous concerne, de me répondre le plus promptement qu'il vous sera possible.

J'ai l'honneur d'être, avec un profond respect, Monsieur le directeur-général,

Votre très humble et très obéissant serviteur.

Paris, 23 mars 1823.

Direction générale des Ponts-et-Chaussées et des Mines.

Monsieur,

J'ai reçu la lettre que vous m'avez fait l'honneur de m'écrire le 10 de ce mois, pour me prier de vous faire connaître quel serait le montant du cautionnement que vous auriez à déposer à l'appui de votre soumission pour l'entreprise du chemin de fer de Paris à Tours, dans le cas où le gouvernement consentirait a proposer aux Chambres un projet de loi destiné à vous conférer directement la concession de cette entreprise.

Je ne demande pas mieux, Monsieur, que de vous donner sur

cette question les renseignements que vous désirez ; mais je dois vous rappeler d'abord qu'une loi spéciale a déjà décidé en principe l'établissement d'un chemin de fer de Paris à Versailles , sur la rive gauche de la Seine , qui forme nécessairement la première partie de la ligne de Paris à Tours ; ce projet va être mis incessamment en adjudication , et le cahier des charges annexé à la loi du 9 juillet 1836 , a stipulé que les concurrents à l'adjudication seraient tenus de déposer au préalable un cautionnement de 800,000 fr.

Il ne peut donc plus s'agir aujourd'hui que de déterminer la valeur du cautionnement relatif à l'exécution du chemin de Versailles à Tours. A l'égard de ce chemin de fer, le conseil-général des Ponts-et-Chaussées a remarqué que vos estimations étaient beaucoup trop faibles et qu'elles devraient être portées à trente millions au moins : le cautionnement qui serait exigé des soumissionnaires ne pourrait être dès-lors inférieur à 1,500,000 fr.

Je pense , Monsieur , que ces renseignements répondent à l'objet de votre lettre du 10 du courant.

Recevez, Monsieur, l'assurance de ma considération ,

Le conseiller d'Etat, directeur-général des Ponts-et-Chaussées et des Mines,

LEGRAND.

Paris, le 24 mars 1837.

A Monsieur le conseiller d'Etat, directeur-général des Ponts-et-Chaussées et des Mines.

Paris, 10 mai 1837.

Monsieur le directeur-général,

Le 23 mars dernier, j'ai eu l'honneur d'adresser une **demande** à **M.** le ministre des travaux publics, qui contenait diverses propositions de nature à provoquer une prompte réponse ; cependant **voilà** un mois et demi d'écoulé, et, bien que je vous aie fait remarquer dans une lettre que j'eus l'honneur de vous adresser le même jour, que le temps s'écoulait avec une grande rapidité et que nous marchions vers la fin de la session des Chambres, je n'ai point encore reçu la réponse que je sollicitais avec tant d'instance.

Aujourd'hui que des lois spéciales viennent d'être présentées aux Chambres, sur six projets de chemins de fer, dont les études sont toutes postérieures aux miennes, j'éprouve un redoublement de crainte que la loi que je sollicite ne soit encore ajournée indéfiniment : cependant je crois avoir fait tout ce qu'il était humainement possible de faire pour arriver à la présentation de la loi pendant le cours de cette session , et, si l'on voulait rejeter sur moi ce retard en disant que je n'ai point accompli toutes les conditions que peut m'imposer le gouvernement, je pourrais à mon tour répliquer que je n'ai nulle connaissance de ces conditions , et que j'ignore également quel sera le mode de subvention que le gouvernement accordera à ma compagnie pour lui faciliter l'accomplissement de l'exécution de cette vaste entreprise.

Je dois vous faire remarquer que je ne suis pas même encore fixé sur le chiffre du cautionnement qu'aura à fournir ma compagnie, car votre lettre du 24 mars n'est que conditionnelle à ce sujet : ainsi j'ai dû attendre et j'attends encore une réponse définitive sur sa fixation ; j'ai aussi demandé, dans une lettre à M. le ministre , qu'il voulût bien me faire connaître quel serait le mode de subvention qu'il nous accorderait , soit une somme une fois donnée à tant par kilomètre , ou bien une garantie de 4 p. 100 d'intérêt pour les capitaux engagés dans cette entreprise. Toutes ces demandes sont restées sans réponse, et cependant je faisais remarquer à M. le ministre que je me trouvais dans l'impossibilité de conclure des arrangements définitifs avec des capitalistes tant que le mode d'intervention du gouvernement ne me serait pas connu.

Je ne dois pas vous laisser ignorer que ce n'est pas le manque de compagnie qui a occasioné le retard de cette affaire, mais bien le manque de réponse de la part de M. le ministre ou de vous-même, Monsieur le directeur-général ; ayez donc la bonté de mettre un terme à cette incertitude qui devient par trop préjudiciable à mes propres intérêts, à ceux des capitalistes qui veulent entrer franchement dans cette affaire, et enfin aux habitants des cinq départements que doit desservir cette ligne. Pour me résumer et pour simplifier la nature de mes propositions, voici quelles sont définitivement mes demandes :

1º Autorisation d'exécuter la ligne entière de Paris à Tours, partant de la Croix-Rouge ; passant par Versailles, Chartres, Vendôme, etc. A partir de Paris jusqu'à Versailles, le tracé suivra parallèlement le chemin de la rive gauche.

2º Que le gouvernement s'engage pendant le laps de trente années, à dater du jour où le chemin de fer sera terminé et livré à la circulation, à garantir à ma compagnie un minimum d'intérêt de 4 p. 100.

Le capital auquel s'appliquera cette garantie se composera du prix des travaux, de l'intérêt de ce prix pendant la durée des travaux à 4 p. 100 au plus, ainsi que des frais de direction et d'administration, sans pouvoir en aucun cas excéder le chiffre de 50 millions. (Ces bases sont les mêmes que celle du chemin de Lyon à Marseille.)

3º Que la concession me soit faite pour un laps de temps de quatre vingt-dix-neuf ans ;

4º Enfin je demande à être autorisé à déposer mon cautionnement pour la ligne entière de Paris à Tours et d'en connaître la quotité.

Pour aller au-devant des objections que vous pourriez me faire relativement au point de départ de Paris, je vous ferai remarquer que ce que j'ai eu l'honneur de vous dire ainsi qu'à M. le ministre, relativement aux prétentions des concessionnaires du chemin spécial de Paris à Versailles, s'est réalisé. Ces messieurs ont d'abord refusé d'établir une fusion entre leur compagnie de Paris à Versailles et la compagnie future de Versailles à Tours ; ils voulaient que cette dernière devînt tributaire de la première, ce qui m'a paru injuste et impossible; je dis impossible sous le rapport matériel; car la compagnie de Versailles n'a besoin, pour l'emplacement de ses magasins à Paris, que d'un espace d'un quart d'hectare, tandis qu'il faut à la compagnie du chemin de Tours trois hectares, c'est-à-dire un espace douze fois plus grand. Il faut à la compagnie de Versailles tout au plus douze ou quinze diligences, quatorze à quinze machines locomotives et une dizaine de waggons, tandis qu'il faut à la compagnie de Tours cent diligences, soixante machines locomotives et douze cents waggons au moins. Ce qui prouve que si la ligne entière de Paris à Tours eût été exploitée par la même compagnie, le matériel du chemin de Versailles n'eût pas été nécessaire; le service de ce petit chemin se serait trouvé fait en grande partie par le même matériel et par le même personnel que la grande ligne de Tours, ce qui aurait produit des économies considérables. Il faut bien remarquer d'ailleurs que dans le cas où l'on ne permettrait pas à la ligne de Tours de se prolonger sur Paris, il en résulterait que la compagnie du petit chemin de Versailles serait obligée d'avoir un matériel et un personnel au moins de moitié égaux à ceux de la ligne de Versailles à Tours, sans compter une perte de temps considérable, et des frais énormes de transbordement et les autres frais résultant d'un tarif plus élevé. Mais pour ces messieurs il ne s'agit pas d'économie, il s'agit de faire ce qu'ils appellent une *bonne affaire*, et par suite ils trouvent et ils disent tout haut que je ne suis pas de notre époque. Il y aurait, Monsieur le directeur-général, beaucoup de choses à vous dire à ce sujet; mais elles sortiraient du cadre de cette lettre; lorsqu'il en sera temps, je ferai connaître toutes les mesures auxquelles on voulait m'associer. J'ai dû refuser. Ainsi, par exemple, pour un chemin qui doit coûter à construire au plus sept millions, on veut créer pour onze millions d'actions. L'expérience a démontré que l'exécution des travaux par adjudications partielles et par nature est préférable; eh bien, on ne voulait qu'un seul soumissionnaire à forfait et sans adjudication. Vous savez, Monsieur le directeur-général, par votre position, à quel champ vaste aux interprétations et aux arrangements privés ce mode d'entreprise peut donner lieu. J'ai dû encore, sur ce point, refuser nettement de souscrire à de pareils arrangements. On voulait demander conjointement avec moi la concession directe de Versailles à Tours, mais avec la faculté de ne l'exécuter que par section et même pas du tout si on le jugeait convenable. Enfin on voulait faire l'application du tarif qui résulte de l'adjudication du chemin de Versailles à tous les voyageurs comme à toutes les provenances allant ou venant à Tours, tandis que le tarif que j'ai proposé moi-même et dont je ne demande pas l'augmentation est de beaucoup plus avantageux que le leur. Je ne parlerai pas de ce qu'il y avait d'offensant pour moi dans les propositions qui m'ont été faites en ce qui me concerne personnellement ; j'ai dû m'occuper avant tout des intérêts des cinq départements que doit desservir cette grande ligne. Enfin, de toutes les conférences que j'ai eues avec ces messieurs, il en est résulté la preuve pour moi qu'il y avait impossibilité d'établir une fusion entre ces deux compagnies. Cette fusion est devenue d'autant plus impossible que MM. Fould et Léo ont refusé de s'abstenir de mettre en circulation leurs promesses d'actions, même jusqu'à l'époque de la fusion qui pouvait avoir lieu en deux fois vingt-quatre heures. C'était donc un parti pris de mettre un obstacle insurmontable à cette réunion désirée et provoquée par M. le ministre et par vous. Or, vous le voyez, Monsieur le directeur-général, ce n'est pas moi qui ai mis des obstacles à cette fusion, mais bien les concessionnaires du chemin de Versailles. Aujourd'hui si le gouvernement du roi, ainsi que vous personnellement, comme je n'en doute pas, voulez réellement l'exécution du chemin de Paris à Tours, il faut absolument que la concession qui m'en sera faite m'autorise à partir de Paris ; sans cette condition il serait évidemment impossible d'obtenir qu'une compagnie de financiers véritablement honnêtes voulussent s'associer à moi pour exécuter ce chemin. Ce n'est que parce que j'ai l'espoir, d'après la promesse que m'en a faite M. le ministre en votre présence, si la compagnie du che-

nin de Versailles ne s'arrangeait point avec la mienne, d'obtenir l'autorisation de partir de Paris, que je suis parvenu à
former plusieurs compagnies qui, je l'espère, se réuniront en
une seule aussitôt que j'aurai reçu du gouvernement une réponse formelle aux demandes que je viens d'avoir l'honneur de
vous soumettre.

Ayez donc la bonté, Monsieur le directeur-général, de m'accorder une réponse le plus promptement qu'il vous sera possible.

J'ai l'honneur d'être, avec un profond respect, Monsieur le
directeur-général,

Votre très humble et très obéissant serviteur.

Nota. Depuis, Monsieur le ministre a changé complètement
d'avis, et ma lettre est restée sans réponse.

---

*A Monsieur le ministre secrétaire d'Etat au département des
travaux publics, de l'agriculture et du commerce.*

Monsieur le ministre.

Le 23 mars dernier, j'ai eu l'honneur d'adresser à M. le directeur-général des Ponts-et-Chaussées une demande dans laquelle
je résumais, en peu de mots, l'état dans lequel se trouve l'affaire
du chemin de fer de Paris à Tours. Cette lettre se terminait par
cinq propositions qui pouvaient servir de base au mode de concession du chemin de fer que je sollicite depuis si long-temps;
mais, depuis cette lettre, des propositions nouvelles ayant été
faites à l'administration, ses principes m'ont paru avoir changé
de manière à ce que j'ai dû, le 10 de ce mois, renouveler ma demande et mes propositions. Il paraît en outre avéré, d'après le
rendez-vous et les explications que vous avez bien voulu me donner ce matin ainsi qu'à M. le directeur-général, que les principes,
d'après lesquels le gouvernement se propose d'intervenir dans

la concession des chemins de fer, sont entièrement modifiés ; en conséquence, considérant ces explications comme une règle invariable que le gouvernement se propose d'appliquer à toutes les grandes lignes de chemins de fer, je vais, Monsieur le ministre, vous soumettre mes propositions d'après les deux modes qui me paraissent devoir être suivis définitivement par le gouvernement.

Première hypothèse.

Je demande que le gouvernement m'accorde la concession directe de la ligne de Versailles à Tours par Chartres d'après le mode réglé par la convention signée entre le gouvernement et M. Cockerill, pour la ligne de Paris à la Belgique. Il est bien entendu que cette concession me serait faite pour un laps de temps de cinquante années, et que la subvention qui me serait accordée, serait de 62,500 fr. par kilomètre. J'ai lieu d'espérer que le gouvernement ne refusera pas de traiter un national de la même manière qu'il traite un étranger, et qu'en laissant de côté les intérêts des personnes pour ne s'occuper que de ceux du pays, il reconnaîtra que, si la politique autorise qu'on fasse des sacrifices pour favoriser l'exécution de la ligne conduisant en Belgique, cette même politique veut aussi qu'on n'oublie pas que la ligne de Paris à Tours conduit à une journée de marche de la Vendée, qu'elle n'est que la continuation de la ligne de Belgique à Paris et de Paris en Espagne ; que les intérêts de la France veulent aussi qu'on n'oublie pas qu'il est important pour elle que des voies de communications faciles, comme le sont les chemins de fer, nous mettent le plus promptement possible en communication avec Madrid ; qu'enfin il est de l'intérêt de la France d'assurer son influence sur l'Espagne comme elle veut l'assurer sur la Belgique. Le cabinet du roi réfléchira sur l'importance de ces considérations , et j'ai lieu de croire qu'elles sont de nature à être résolues comme je le désire.

Deuxième hypothèse.

Je demande, dans le cas où le gouvernement ne jugerait pas

convenable d'accepter ma première proposition, qu'il veuille bien m'accorder :

1° La concession directe pour quatre-vingt-dix-neuf ans et sans subvention ;

2° Me dispenser de fournir un cautionnement avant la présentation de la loi, afin de m'éviter une dépense en pure perte qui ne s'élèvera pas à moins de 130,000 fr., et les embarras que nécessitent lse hommes d'argent qui demandent à s'emparer de l'affaire pour l'exécuter à leur manière, c'est-à-dire le plus mal possible. D'un autre côté, il me semble que le gouvernement doit trouver une garantie suffisante que la loi sera exécutée dans les dépenses, déjà faites jusqu'à ce jour, qui s'élèvent à plus de 500,000 fr.

3° Le soumissionnaire s'obligerait à fournir le cautionnement un mois, deux mois ou trois mois après que la loi aurait été votée par les trois pouvoirs ; par ce moyen les garanties que demande le gouvernement lui seraient assurées, et en cela il ne ferait rien de plus pour le soussigné qu'il ne va faire pour les concessionnaires futurs des projets de chemins de fer qui seront concédés par voie d'adjudication ; car, s'il ne se présente pas de soumissionnaires, il est certain que le gouvernement et les Chambres auront voté une loi en pure perte, sans que le gouvernement trouve, pour cette éventualité, aucune espèce de garantie, tandis que la proposition que j'ai l'honneur de lui soumettre, lui en offre une véritable au moyen de mes études qui ont une valeur *offerte* de 500,000 fr., et réelle d'une somme plus forte qui lui serait acquise dans le cas où je ne parviendrais pas à exécuter mon projet suivant les conditions qui seront présentées par la loi ; et, en outre, mon temps, mes espérances, le temps et les espérances de tous mes co-associés seraient perdus pour moi comme pour eux. Je pense que ces considérations sont de nature, Monsieur le ministre, à vous déterminer à me dispenser de fournir le cautionnement avant la présentation de la loi, vous laissant, au surplus, à choisir entre les deux modes de concession que je viens d'avoir l'honneur de vous proposer. Je suis, d'ailleurs, tout à vos ordres pour me rendre dans votre cabinet, afin d'accepter le cahier des charges qui sera rédigé d'après l'une ou l'autre de mes deux propositions.

J'ai l'honneur, etc.

Paris, le 20 mai 1837.

Nota. Monsieur le ministre a répondu à cette lettre, à la grande sati-faction des hommes de bourse, par la présentation du projet de loi sur le chemin de fer de Paris à Tours qui sera concédé par voie d'adjudication au rabais.

FIN.

Imprimerie de H. Fournier et comp., rue de Seine, n° 14.

TABLE DES MATIÈRES.

FIN DE LA TABLE.